はじめに

現在、子育て中の親御さん、子育てを楽しんでいますか？

１００％楽しくて幸せだ、という方はほとんどいらっしゃらないのではないでしょうか。

子どもは親の思いどおりには育ちません。そういうものだと割り切ってしまうことは大切です。「こういう子どもになってほしい」という理想を描くのはもちろん良いのですが、そのとおりに育てようと躍起になってしまうことが、子育てをつらくしてしまっている元凶になっているように思います。

子育ては毎日毎日のプロセスです。理想（ゴール）を目指して効率よく育てるとしたら、子育てはなんとも無味乾燥なものになってしまうと思います。家族というのは、子どもを育てる器です。毎日のうれしいできごとを共有してみんなで喜ぶこと、悲しみはみんなで慰め励ますこと、そういったことを通じて、子どもは独り立ちしていく力がついていきます。そのようなプロセスを決して疎《おろそ》かにしてはいけないと思うのです。

そのために大事なことは３つあります。

第1は、「親である自分自身の心に気づく」ことです。

毎日、イライラして子どもにあたってしまったり、子どものことが心配で仕方なかったり……子育てに悩みはつきものです。そういうときに、子どもを変えようと思ってもそれはうまくいきません。子どもは大人とはまったく異なる論理で動いています。「どうしていたずらばかりするの！」と親が思ったとしても、子どもにとっては別にいたずらをしているという意識ではないことがほとんどです。もちろん、なぜいけないのか、と言って聞かせることは大切ですが、それで理解してすぐに改まるとは期待しないほうがよいでしょう。

では、どうしたらよいでしょうか。まずは自分自身が変わることです。子どもがいたずらをして困っているといった場合、親御さん自身にその原因があるのかもしれません。子どものことをあまり見ていないとか、子どもと遊んでいても心は上の空で別のことを考えているかもしれません。子どもは親の注意を引きつけるためにわざと困らせることもあるのです。

親自身が変わるためには、まずは自分の心に気づくことが大切です。心に気づくためには、心の表れである呼吸に意識を向けてみると良いでしょう。いつも急《せ》かされるように子どもと接していたら、呼吸も浅くなります。あるいは肩や表情に注意を向ければ、いつのまにか力が入っていることに気づくでしょう。そうした自分の心の状態に気づくようにするだけで、子どもとの接し方も自ずと変わってくるのです。

第2は、「子どものありのままの姿を見つめる」ことです。子どもの行動や表情、話す言葉などに無心に意識を向けるということです。それは子どもの内面を理解するのに大いに役立ちます。子どもの内面を適切に理解できないことには、心から理解し合える関係を築くことはできません。ただし子どもの姿を見つめるというのは、評価することとは違います。子どもの行動や言動に対して、「良い―悪い」といった評価をしてしまうと、すぐに「悪いことをしたから叱らなくては」という行動につながってしまうでしょう。しかしそこで一歩引いて、子どもの行動をあるがままに見つめるとどうでしょう。子どもの行動の背後にある気持ちに気づくことができるようになるのです。たとえそれが悪い行動だったとしても、子どもがどのような気持ちで行ったのかを理解できれば、親は子どもの気持ちに寄り添った行動をとることができます。それは子どもの「悪い」行動を改めるのに十分に役立つでしょう。

第3は、「子どもに触れること」です。やや抽象的な表現ですが、子どもへの触れ方のポイントは、上から触れるのではなく、下から支えるように触れることです。上から触れるというのは、子どもに触れると同時に、親のもつ期待や過度な愛情や理想などの枷《かせ》をメッセージとして子どもに伝えることになります。それに対して下から支えるように触れると、子どもは安心感や安全感をもちながら、自由に生き生きと行動することができるのです。子どもはあるがままに尊重されて安心感をもつと、自然と成長に導かれるのです。別の言い方をすれば、上から触れるというのは、「条件つきの愛情」で、親の期待や理想に近い行動をすれば愛してあげる、というように、ある意味で子どもを拘束する上から目線の触れ方と言ってもよいでしょう。それに対して下から支えるように触れるというのは、「無条件の愛情」です。子どもが何をしても、無条件にその存在を認めている、というメッセージが伝わります。

もちろん、「上から」「下から」どちらの触れ方も大切ですが、多くの親御さんは知らず識らずのうちに「上から」の触れ方ばかりになってしまっているように思います。子どもに触れてその感覚を味わうだけで十分なのです。それ以上のメッセージは必要ありません。

このような3つのポイントはすべて、マインドフルネスのやり方として具体的に本書の中で紹介しています。マインドフルネスを子育てに取り入れれば、子育てはもっと充実して楽しくなり、子どもも大きく成長する糧となることをお約束します。

マインドフルネス子育て法

目次

2章 マインドフルネス・トレーニング

3章 集中力を高めるマインドフルネス

4章 マインドフル・タッチングで触れ合おう

5章 応用編・シチュエーション別 心を静めるマインドフルネス

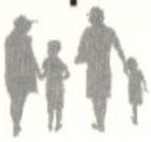

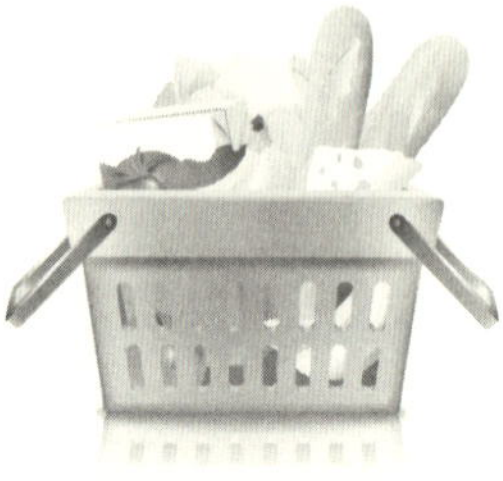

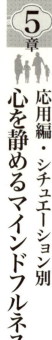

編集協力――宮下二葉
本文設計・デザイン――佐々木眞紀子
イラスト――湯沢知子

カバー写真／PIXTA
イメージイラスト／Freepic

1章

「マインドフルネス」って なあに？

親も子も、感情的になっていませんか？

子どもはかわいい。でもイライラ！

我が子が生まれ、初めて自分の腕で抱いたときのことを覚えていますか？

きっと、無事に生まれてきてくれた安心感、そしてうれしさと愛おしさで胸がいっぱいになって、この子がとにかく元気に、すくすくと育ってくれるよう、精一杯の愛情を注いでいこうと決意したことでしょう。

もちろん、この本を手に取ったお母さんやお父さんは、いまも変わらず子どもを深く愛し、子育てに奮闘していらっしゃることでしょう。それでも、よほど大らかな性格か、放任主義でもなければ、子どもの言動にイライラしたり、腹が立つことは日常茶飯事……。

たいていの人は、つい大きな声やきつい言葉を我が子にぶつけ、時には何を言われても何をされても無視してしまい、あとになって「かわいそうなことをした」「こんなことで怒ってしまった」「言い過ぎた」と、心の中では落ち込んでいるのです。

何しろ子育ては大変です。乳児の場合は言葉もわからず、親の思いなどほとんど通じません。電車やバスに乗ると、「どうか静かにしていて！」という願いもむなしく泣き始め、どうあやしても止まずに、周囲の冷たい視線を感じて居たたまれなくなったことはありませんか？

公共の場所ではいつも決まってそうなるから、「この子は私に意地悪をしているのだ」と、涙を流して相談するお母さんがいました。

初めて歩いた、言葉を話したと大喜びしたのも束の間、2歳前後になると「イヤイヤ期」と呼ばれる第1次反抗期がやってきます。

「○○しよう」「○○へ行こう」などと声をかけると、返事はいつも「イヤだ！」。出かける時間が迫っているのに歯磨きも着替えも自分でやりたがり、親は「間に合わなくなる、早くして！」と気ばかり焦る、などということもあるでしょう。スーパーでは欲しいものを買ってもらえないと全身を使ってダダをこねるので、そのまま置いて帰りたくなります。

現在では仕事をしながら家事、育児をする人がますます増えていますが、幼い子どもは親が時間に追われてやりくりしているなど、お構いなしです。

もっとも、外で働かずに主婦（夫）業に専念している人は、ずっと「イヤイヤ」する子どもと一緒に過ごして、やるべきことをこなさなければならないのですから、うんざりする気持ちは同じです。

どちらにしても、親の心に余裕がなければ「もういいかげんにして!」と声を荒げ、子どもは大泣き。結局、火に油を注いでしまいます。

そして、子どもは成長とともに使える言葉が増えていき、小学生にもなると、注意をしたときに親をカッとさせるような口答えをすることもあります。

そこで親が「なんてことを言うの!」と怒って返すと、お互い感情的になって家庭内バトルがヒートアップするか、子どもがプイッと自分の部屋に閉じこもって冷戦状態になってしまうことでしょう。


こうした親子ゲンカがいつものことでは家庭の雰囲気がギスギスしてしまいますし、〝たまに〟であったとしても、**もしも我を忘れて子どもが傷つく言葉を投げたり、手を上げるようなことがあれば、子どもの心に傷跡を残してしまいます。**

やってしまった親のほうもきっと自責の念にかられます。

もしかすると、我が子の成長は遅い!?

親のイライラの原因は、現代の育児環境が大きく影響していると思います。

ひとつは書籍や雑誌、そして何より手軽にインターネットで育児に関するさまざまな情報を得られるため、そこに書かれている〝標準〟と比べて自分の子どもは身体が小さい、まだ言葉を話さない、なかなかおむつ離れができないなど、成長が遅いと悩むことです。

例えば、早く大きくなってほしいのに食が細いと、「どうして食べてくれないの?」と子どもに当たり、ネットで知ったとおりにトイレ・トレーニングをしてもうまく運ばず、「どうしてできないの!」と子どものことを怒るのです。

でも、子ども一人ひとりに個性があって、成長の過程も早い、遅いという違いがありますから、よほどのことでなければ問題はありません。親も我が子のことを心配しているだけで、子どもが悪いわけではないと心の底ではわかっているはずです。

これがもし、三世代などの大家族で暮らしていたり、世代の違うご近所と親しく交流していれば、育児の先輩から「気にすることないよ。もう少し待ってごらん」「○○さんの子どもは歩き始めるのがすごく遅かったけれど、中学では野球部のレギュラーだったよ」などと言葉をかけられ、安心して気にならなくなるかもしれません。

ところが、現在は核家族が一般的ですし、都会であまり近所付き合いをしていない人が大勢いて、子育ての経験という情報を得る機会がないのです。

子どもが外で遊ぶようになって公園デビューをすれば、同世代のママ友と知り合って情報を交換したり、グチを言い合って発散することもできますが、グループにうまくなじめない場合もあるでしょうし、雰囲気によっては相談しにくいかもしれません。

こうした状況に置かれると、自分だけが子育てに苦しんでいると思い込み、ストレスがたまっていきます。スマートフォンを手に取りインターネットで情報を探し、その内容が信頼できるかどうかの見定めもしないままに信じ込んで、余計に不安が募ることもあり得ます。

不安とは本来、自分たちに危険が迫っていると知らせてくれる役割をもつ、重要な感情なのですが、あいまいな情報で不安を抱き、それでイライラしながら子育てをするのは、もったいないことです。

情報に振り回され、子どもだって迷惑だ！

いまの世の中は、とにかく情報に価値があるとされて、膨大な量の情報が発信され、それを人々が求めています。

とくに日本人は、何かが話題になるとみんなが一斉にその情報を真《ま》に受けて、いち早く試してみようとする傾向があります。

子育てにまつわる情報も同じで、良い子に育てるにはこうするべきだ、こうしたら学力が高くなるといった情報を得ると、多くの親はその情報に描かれている〝良い子〟〝学力の高い子〟の理想像を目指して、示された方法を子育てに取り入れたいと思うでしょう。

そして、我が子の性格や得意なこと、不得意なことは考えず、「こうしなさい」と情報どおりのやり方を押しつけようとするのです。

もちろん、ひとつの方法がすべての子どもにぴったり合って、効果が出るなんてことはありません。子どもが続けられない、やっても効果が出ないとなると、親は「どうして」と心に不満がくすぶって、イライラした感情が湧いてきます。

子どもにしてみれば、無理やり押しつけられた方法をうまくこなせず、親に対しても、できないことにもイライラが募ります。そもそも「良い子」と「悪い子」はどのように区別するのでしょうか。人によって価値観や判断基準はまったく違うのですから、その答えに正解はありません。

また、多くの親が子どもの学力をアップさせて、優秀な学校に進んでくれることを望んでいますが、以前に比べるといまの日本では学歴社会がどんどん崩れてきて、高い学歴をもたなくても自分の力で起業し、成功している人がたくさんいます。きれいさっぱりと、学歴信仰にこだわるのを止めたら、もうイライラしながら子どもに「勉強しなさい！」と叫ぶこともなくなります。

子育てに〝成功〟があるとすれば、それはその子がその子らしく成長して自立する

ことであって、どういう職についたのかは関係ありません。

子育ての究極の目標は、野生動物と同じく自立なのです。子どもが親から社会的にも、経済的にも、精神的にも自立していること。そう考えれば、子育てをもっと楽しいと感じられるのではないでしょうか。

周りの子と比べるのは、イライラのもと

とはいえ現在みなさんが、お子さんに「勉強は自分で好きなようにやりなさい」と告げるのは、まだまだハードルが高いでしょう。

幼稚園や学校に通い始めると、親はどうしても我が子を周りの子どもたちと比較しながら見つめてしまいがちです。

背の高さ、服装、発言の内容などを比べて幼くないか、劣っていないかに気を回し、安心したり、不安になったりするのです。授業参観でほかの子どもたちが学力を上げ

るために勉強に励む姿を間近にしながら、我が子の学力は本人に任せて気にかけないのは、みんなと一緒のバスに自分たちだけ乗らないと決めるようなもの。かなりの勇気が必要です。

人は多かれ少なかれ、誰もが自分と周りを比較して自分の基準を確認しています。例えば職場やご近所で、周りの人たちと自分の服装やもち物にあまり優劣がないと知れば、浮いた存在になっていない、これでいいと安心できます。

ただ心理学の研究では、こうした社会的比較をすることが多い人は幸せを感じにくいという報告があります。時間が経つとともに比較する相手も変化していくので、一時的に満足しても、不安な気持ちはずっと続くからです。

子育てにおいても、周りと比べて一喜一憂するのは不安やイライラのもとを作っているのと同じです。

親は無意識のうちに、子どもは自分の所有物であってコントロールできると思いがちですが、子どもが自分自身の意思をもち始める、つまり自我が芽生えるのは1歳頃と言われています。中には、生後半年とする研究もあるほどで、赤ちゃんでも意思をもっていて、それを尊重してあげることが大切なのです。小さいころから一人の人間として接するように心がけましょう。

できれば小さな子どもでも、危険なことがない限り親は少し距離を置いて見守って、自ら冒険や探索をさせてあげることが成長においてとても大事なことです。

ところが最近の日本は、事故や犯罪の予防のため、さらには健康のためにと、親が子どもにまつわるさまざまなことに関わり合う傾向がますます強くなっていて、そうなると親は子どもに「あれをしてはダメ、これをしてはダメ、これをしなさい」と口を出したくなり、それがイライラや不安を大きくしているのです。

子どものイライラも増えている

子どもにとって一番のストレスの要因は、親のストレスだということがわかっています。

親のイライラが増えている現代では、そのイライラが伝わって結果的に子どもも不愉快な気分になることが増えているのです。さらに、子ども自身がイライラすることも増えています。

学校の宿題や塾通い、習い事などがあって時間に追われることも原因のひとつですが、**何よりの原因は、デジタル機器に囲まれた暮らしにあると考えています。**

かつて子どもたちは身体を思い切り使って遊ぶことが当たり前で、その楽しさとともに心地よい身体の疲れを感じて、満足しながら家に帰ってきました。そうすると身体も心もすっきりして、次にやるべきことをスムーズに始めることができます。

ところが、いまどきの子どもたちが夢中になっている遊びといえば、手先だけを動かすゲームです。内容はさまざまですが、子どもだけではなく大人まで多くの人が夢中になるほどおもしろい。**興じていると快楽ホルモンのドーパミンがたくさん分泌され、意識が覚醒して興奮状態になる一方で、身体は疲れないのでいつまでもやり続けてしまいます。**最後は親に叱られてイヤイヤやめさせられるため、欲求不満が残ったままイライラして、なかなか次の行動に移る気持ちになれないのです。

このような遊び方をしているので、**現代の子どもは、例えば呼吸をする感覚や、自分がどのような姿勢を取っているかという、内側を含めた自分の身体そのものについて感じる機会があまりありません。**

気にするのは顔や体型といったルックスばかりで、自分がいまここに生きているという感覚を味わったことはあるのだろうかと、心配になります。

いま中学校では、ＬＩＮＥなどのＳＮＳを使ったコミュニケーションでいろいろな問題が起きていて、子どもにとって楽しいはずのツールがつらい思いをする引き金となっています。コミュニケーションの基本は身体をとおして学ぶ部分が大きく、まずは実際に顔を合わせ、身体を使ってやり取りして、相手の表情から気持ちを読み取れるようになることが大切なのです。

そうした経験が足りないまま、文字だけで会話をしていると、相手の気持ちをきちんと読み取れなかったり、自分の言葉を誤解されることがよくあります。

例えば、ある同級生の悪口を友だちと送り合っているうちにケンカとなり、エスカレートした挙げ句、頭に来た友だちに自分の書いた悪口をクラスのＬＩＮＥにアップされて、みんなにバレてしまったというトラブルです。

面と向かったケンカなら、表情や仕草からお互いに相手も傷ついていると気づいて歯止めがきいたことでしょう。

ゲームやＳＮＳに留まらず、これから急速にＡＩ技術が社会や私たちの生活を変え、便利なだけでなく身体がどんどん置き去りになる時代がやって来ます。

そうした未来を見すえながら、現在、日々イライラしている子どもたちに、そして幸せなはずの子育て期にストレスを感じているお母さん、お父さんに、マインドフルネスを身に付けることをお勧めします。

そのイライラやストレスが不思議なほど解消されて、充実感を味わうことができるはずです。

いま、マインドフルネスが注目されています

「いま、ここをあるがままに見つめる」とは？

マインドフルネスとは、「いま、ここ」に意識を向けて、その現実について評価をせず、感情をもち込まないで、あるがままに見つめるという心のもち方です。

意味はなんとなくわかるような感じですが、でも実際どういうものなのかはハッキリしませんね。ただ、この心のもち方が、現在、うつ病の治療やがん患者の心のケアに効果があるとして医療現場に取り入れられ、ビジネス界ではグーグルやゴールドマン・サックスといった名だたる企業で、社員のパフォーマンスが上がると研修に活用

されているのです。

そして何より注目したいのは、子どもにも良い効果があるという研究結果が出ていて、アメリカやオランダ、ベルギーでは、カリキュラムにマインドフルネスの練習を組み込んでいる学校もあるのです。

いったい、「いま、ここ」をあるがままに見つめる心のもち方とはどういったものなのでしょう。

例えば、親が赤ちゃんのオムツを替えるとき、オムツの手ざわりや子どもの肌の温もり、表情のひとつひとつに心を向けて、触れて、見て、その感覚を味わう。これがマインドフルの状態です。

そして、そこで考えることをストップします。けれども、考えないでおこうと思っても、頭の中に「このオムツ、買い足しておかなくちゃ」「今夜は早めに寝入ってくれるといいな」などと、さまざまな思いが浮かんでくるのが当たり前です。

そのように何か考え始めてしまっていることに気づいたら、「雑念、雑念」と心の中で言葉を唱え、「ラベリング」する（思い浮かんだ内容を単語に置き換えて心の中でラベル貼りすること）ようにきちんと認識してから、改めてもとのマインドフルな状態に戻ろうと心がけるのです。

現在さまざまな場で取り入れられているマインドフルネスは、アメリカのマサチューセッツ大学のジョン・カバット＝ジン博士が坐禅の瞑想を研究する中で宗教色を取り除き、瞑想のテクニック部分を体系化したものが土台です。

何も考えずに、「いま、ここ」の現実をあるがままに見つめるのは、想像するより難しいのですが、練習を重ねると慣れていきます。

その練習方法は2章で紹介していきます。内容としては手軽に取り組めるものなので、ぜひ取り組んでみてください。

〝ながら〟子育ては疲労感が大幅アップ

子育てが大変だと感じている親は、子どもと一緒にいても多くの時間を「心ここにあらず」という状態で過ごしています。子どもが話していても食事の用意をする手は止めないですし、子どもと電車に乗っている間、ずっと携帯電話を手放さずSNSのやり取りをしている人も見かけます。

小さな子の遊び相手をしているときや、子どもが眠る前に本を読んであげているときでさえ、頭の中では自分のするべきことや、録画しているドラマのストーリーなど、ほかのことに思いをどんどん巡らせているのです。

「いま、ここ」に意識を向けず、意識を向けていないことに気づいていない。

これはマインドフルとは逆のマインドレスの状態です。

子どもに関わっているときに限らず、人間は多くの時間をマインドレスの状態で過ごしています。

ふと頭の中で言葉を使って考え事をすると、その言葉が示す内容まで浮かんで頭に

バーチャルな世界が作り出されて、目の前の現実とは無関係のことを想像したり思い出したり、次々と連想が広がっていくからです。

最近の脳科学の研究では、驚いたことにこうして**無意識に脳が活動している状態は、意識的に脳を回転させているときより20倍ものエネルギーを消耗している**ことが明らかになっているのです。

「つまり、時間に追われ余裕がなく、知らずと「心ここにあらず」の子育てになっている人や、自分の省エネのため、子どもと遊ぶときも話すときも真剣に向き合っていない人は、かえって消費エネルギーを増やして脳を疲労させているのです。

それに、自分の頭の中であれこれ考えていると、将来について不安になったり、過去のことを思い悩んだり、ネガティブな気持ちになることも多いのではないでしょうか。

アメリカの心理学者の調査では、何かをしているとき、その時間の半分近くを「ほかのこと」を考えて過ごしていること、そして、何をしていても、「ほかのことを考えていた」ときほど、感じる幸福度が下がるという統計が出ています。

ほかのことを考えながら子育てすると、余計に頭が疲れて幸せな気分も味わえないなんて、もったいない！　それなら子どもとマインドフルに関わって、それ以外の時間に元気な状態でやるべきことを済ませたり、好きなことに興じたりするほうが、ずっと充実感があって、子育ての喜びを味わえます。

また、子どもは親が自分に心を向けてくれているかどうか、微妙に察知しています。小さいうちは「もっとちゃんと私を見て」と言わんばかりに泣いたりダダをこねて、親にとってはさらなるイライラの種になりますし、難しい年ごろであれば親や家族からすっかり心が離れてしまうかもしれません。

親がきちんと向き合ってくれているという実感は、子ども自身にも、親子・家族関係にも必ず良い影響をもたらしてくれます。

育児は怒り、イライラを止められない？

子育てをしている多くの親にとって、何より残念に思うのは自分が感じるイライラと、つい我が子に放ってしまう怒りでしょう。そもそも、なぜそれほど子どもにイライラするのでしょうか。

親が子どもに怒りを覚えるのは、自分は子どもにこうあってほしいのに、そうなってくれないという、**いわば自分の願いである〝型〟にはまらないことが原因です。**でも、子どもにはそれぞれ個性があり自分自身で育っていく存在で、親の所有物でもなければ、願いどおりに育つものでもありません。

親の役割は、子どもを当てはめる〝型〟を用意するのではなく、**その子に寄り添い、子どもを中心とした広い〝枠〟を設定して、この〝枠〟からはみ出ることをしてはいけないと教え、苦手なことがあったら「こうしたらいいのでは」と声をかけながら、成長を支えることです。**小さな〝型〟ではなく、広い〝枠〟で考えればあまり怒りも湧いてきません。
親としては、「子どもがこう変わってくれたら穏やかな心でいられるのに」と、イライラや怒りの原因を子どものせいと思い込んでいますが、実は自分自身の考え方、感じ方の問題であり、**何より自分が変わることが先決です。**

それに、子どもは感情的に怒られると、「お母さん（お父さん）が怒っている」ことに気を取られ、なぜ怒られているのかわからないまま、混乱して、不安になるだけです。ただ恐いからその行為を止めるだけで、やってはいけないことだと認識しません。そのうち「親が怒ったときは、とりあえず言うことを聞くとおさまる」と学習して、今度は同じことを親の見ていないところでやるでしょう。それを知ったら、親はもっと強い怒りを感じて、不快な思いをすることになるのです。

また、親から見ると、声を荒げて怒れば子どもが言うことを聞くように見え、そう思い込んでしまうため、つい怒ることが多くなります。これでは本当に伝えたいことは何も伝わりません。

怒るとは、自分の感情を発散して子どもにぶつける行為ですが、一方で叱るという行為もあって、こちらは子どものためを思って諭す意味があると思います。怒るより叱るほうが伝えたいことが伝わりやすいはずです。

マインドフルネスは自らの感情に気づくということが大きなポイントなので、もし親が身に付けていれば自分が怒っていると気づいて、〝怒る〟ではなく〝叱る〟にしようと、スイッチを切り替えることができます。

ただ、叱ったのに大切なことが子どもに伝わらない場合、時には感情をぶつけて本人に理解させることも必要でしょう。そこで重要なのは親が怒っていると自覚しているかどうかです。子どもを諭すためにあえて怒るのだと意識していれば、怒りを沸騰させてぶちまけて、怖がらせるようなことにはなりません。

逆に、もし自分で怒っていることに気づいていないと、怒りがどんどんエスカレートします。あまりに怒りが強くなれば、子どもに手を上げてしまうかもしれません。

暴力や虐待というと、とくに力に頼る傾向の強い人がすることと思いがちですが、初めは怒って軽く叩く程度から始まることが多いのです。子どもは少しでも叩かれると恐いと感じ、言うことを聞いたり、おとなしくなるので、親が「これはいい」と感じて、次第に激しくなってしまう。叩かれると、子どもは自分が親に愛されていない、受け入れてもらえないと感じます。

また、親を見て育つので、気に入らないことがあれば叩いて解決すればいいと学び、大人になって配偶者や子どもに同じく暴力を振るうことが多い。極端な例ですが、実際にそうしたことも少なくないので、十分に気をつけたいものです。

親にとって怒ることやイライラすることは、何も悪いことではなく、健全な感情です。そして、マインドフルな状態であれば、その感情とうまく付き合えます。**また、目の前の子どもをあるがままに見つめようとするので、子どもの気持ちにも気づきやすくなります。**子どもの気持ちがわかったら、自ずと伝え方も変わってきて、子どもは「わかってもらっている」と安心して、親の言葉に耳を傾けるようになります。マインドフルネスは、親子の愛情や絆を強める素晴らしい心のもち方なのです。

マインドフルに子育てしよう！

ここで改めて、マインドフルネスの基本を思い出してみましょう。そう、「いま、ここ」に意識を向けて、その現実について評価をせず、感情をもち込まないで、あるがままに見つめるのです。では実際に、子どもの言動にイライラ、ムッとしそうになったとき、マインドフルネスでどのようにするのかを追ってみましょう。

例えば、子どもがまた約束を破って、使ったおもちゃを片づけないままおやつを食べようとしたら、まずはおやつを食べ始める子どもを、ありのままに見ることから始めます。「まだ片づけてないのに！」「どうしたら直るの？」などと考えずに、目の前の子どもに注意を集中させて、これが現実の我が子なのだと受け入れようとしてください。マインドフルな状態になれば、表情やしぐさ、口調などから、そのときの子どもの心に何か気づくかもしれません。子どもの心は大人よりずっと単純で、親が感じることはそれほど難しくないと思います。

このとき、けっして「だらしない子」「この子はよく約束を破る」といったレッテルを貼ってはいけません。親からそのような評価を受けると、子どもは自分自身にそのレッテルを貼ってしまい、無意識にそうなるように行動することがあるのです。

マインドフルネスでは、いま目の前の子どもを何も評価せず、すべてを受け入れる。これは、子どもを全身でハグするイメージです。子どもだけでなく、ここまで頑張って育ててきた自分自身も抱きしめる気持ちで、すべてを受け入れましょう。

せっかく子どもをあるがままに受け止められても、少し時間が経つと、おもちゃが片づけられないまま子どもがおやつを食べ始めた現状に、どうしても感情が湧いてきます。怒りだったり、時には「また約束を破って」という悲しみだったり、人によっては「これは母親である自分のせいだ」と落ち込むかもしれません。

そうしたら、今度はその感情や思考から距離を置くようにします。「いま私は怒りを感じている」「心に悲しみが浮かんでいる」「母親である自分のせいだと考えている」と、ラベリングするような気持ちでとらえ直すのです。

こうしてとらえ直すと、これまで〝子どもの行動〟に向けていた注意を〝自分の感情や思考〃に移すことになります。**注意をコントロールすることも、マインドフルネスの大切なポイントです。**

こういう場合は、注意を自分の内面から外側に向ければ良いのです。このように注意をコントロールする力は鍛えれば鍛えるほど身に付くものです。

この力を**「メタ認知」**と呼びますが、自分が置かれた状況、感じていること、考えていることから距離を置いて、俯瞰《ふかん》的に見つめることができるようになります。このとき、子どもの行動を評価しないのと同じく、自分の感情や思考も評価しないことが大切です。

子どもの行動に怒ったり、悲しんだり、落ち込んだりする自分の気持ちを上から客観的に、評価をせずに見ることができれば、その感情に巻き込まれて大きな声で怒鳴りつけることもありません。感情が渦巻く竜巻の中から這い出して、その竜巻をのぞき見るイメージです。

そうしたうえで子どもに話して聞かせれば、子どものほうも感情的になることや反発することもなく、きちんと向き合ってくれるので、自然と親子の関係が良くなってくるでしょう。

子どもだってマインドフルに

私のマインドフルネス実体験

ここで私自身がマインドフルネスを実践した話をお伝えしましょう。

私は10年ほど前にマインドフルネスを始めて、2章で紹介している「呼吸瞑想法」を中心に、初めのうちは集中的に訓練しました。

いまは毎日ではないですが、自宅で一人で仕事を始めるときに、5～10分ほど呼吸に意識を向けて軽い瞑想をします。**そうすると気持ちが切り替わって、集中力をもって仕事に取り組めると感じます。**

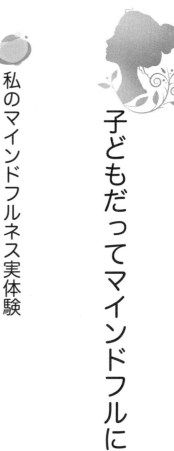

また、イヤなことがあったり心配事があると、眠る前にもいろいろ考えてしまったりして寝付けなくなることがあるので、「これは眠れないかも」と思ったら呼吸に集中します。吸う、吐く、お腹が膨らむ、凹むという動きを感じていると、不快なことをほとんど考えずにストンと寝入ってしまいます。

いろいろなことを心配しても、何かが解決するわけではありません。私はもともとかなりの心配症で、何か気になるとそのことばかり考えて目の前のやるべきことに集中できないことがありました。

娘の受験当日も「大丈夫かな」と終日心配しそうなところでしたが、マインドフルネスのおかげでうまく気持ちを切り替えられ、仕事に集中することができました。

それに、以前は子どもが思いどおりにならないとか、自分のことを我慢して子どもの相手をすることにストレスを感じて、つい子どもに感情的に反応しそうになることもありましたが、**マインドフルネスを始めてから、怒ることが少なくなりました。**

長女と一緒に呼吸を数えて

私には中学生と小学校中学年の娘がいます。

長女はあまり先のことを心配したり、クヨクヨ悩むタイプではないのですが、緊張しがちなところがあり、また、友だち関係のいざこざに巻き込まれてイヤな思いをしていることがありました。

小学4年生のころ、学校のプログラムでお寺へ行って坐禅を組むことがあったので、「こういうことを続けると、集中力がついたり、イヤな気持ちがなくなったり、良いことがあるよ」と誘って、家で呼吸瞑想法を中心に始めました。

1日おきのペースで、夕食後のテレビを見る前にあぐらをかいて、呼吸を数えることからスタートです。

慣れてきたらシンプルに呼吸に意識を向け、ほかのことを考えたらそれを受け入れて、また自然に呼吸に意識を向けるように伝えました。終わったら、「今日はどうだった？」と感想を尋ねて終わりです。

ムリをしても逆効果で続かないので、本人がしたくないときは休みます。

1か月以上経ったころだったと思いますが、長女は**「集中力がついてきた」「これをすると落ち着く」「今日はイヤなことがあったけれど、ちょっとラクになった」**などと言い始め、自分でもだんだん効果を感じるようになってきたのです。

いまは一緒にやることはありませんが、**マインドフルネスがある程度身に付いて、自分でイヤな気分を切り替えたり、集中して勉強できているようです。**

強く、思いやりのある子どもに！

親が子どもとマインドフルに触れ合えば、子どもの心が満たされてお互いに気持ちの良い毎日が過ごせます。

ただ、子ども自身も成長するにつれ、友だちとのやり取りや学校の成績などでストレスを感じ、ネガティブな感情を抱えることもあって、**子どもなりに大変な思いをし**

ながら日常を過ごしています。

私の娘のようにマインドフルネスを身に付ければ、イヤな気持ちから解放されやすくなったり、もっと充実した日々を過ごすための助けになるのではないかと思います。

また、欧米を中心とした世界各地のたくさんの研究によって、子どもがマインドフルネスを身に付けることで、さまざまな〝効果〟があることが報告されています。

詳しい研究の話は3章に記しますが、**思いやりが高まる、ストレスを受けたり心が傷ついたときの回復力がアップする、計画的に物事を進める実行機能が増す、そして、結果的に成績が上がるなどと言われています。**

最近、日本の少年院でマインドフルネスを教育に取り入れたところもあるそうで、良い効果が認められている証拠でもあります。

ところで、「心ここにあらず」のマインドレスな状態になるのは、頭の中で言葉からバーチャルな世界が作り上げられるからと書きましたが、小学生低学年までの子どもはまだ言葉をうまく操ることができず、あまりあれこれ考えることはありません。

大人のように将来や過去のことを思って惑うこともほとんどなく、そういう意味ではとてもマインドフルな状態ですが、同時に外側に目を向けてばかりで、内面に注意を向けることがほとんどありません。幼い子どもは自分がどう感じているのかも、把握していないのです。

緊張していると筋肉が固くなったり、悲しいときは胸のあたりが痛くなったり、感情は身体になんらかの動きや変化を伴います。しかし、自分の身体の感覚が鈍い子どもは、自分の感情にも気づけません。マインドフルネスの練習では身体の感覚に意識を向けるものが多く、身体の感覚に気づくようになれば、感情にも気づきやすくなるでしょう。

まずはマインドフルネスにお母さん、お父さんが取り組んで、そのあとはぜひ我が子と一緒に練習して、実践してみてください。

2章

マインドフルネス・トレーニング

マインドフルネスを身に付ける方法

まずは親から、次は子どもと

ここでは、実際にマインドフルネスを身に付けるためにどういったトレーニングをすればよいか、その方法を3つのステップに分けてご紹介していきます。

初めのステップは、親のためのトレーニング法です。すでに書きましたが、子育てのイライラや怒りは、お母さんやお父さんがマインドフルな状態になって感情をコントロールできるようになれば、解消します。

加えて、子どものいろいろな感情に気づけるようになり、それをすべて受け入れようとするので、子どもは安心して親と向き合い、自分からもよく話すようになるでしょう。親子の関係がとても良くなって、子育ての喜びを感じられます。

子育てに限ったことではなく、マインドフルネスを実践すれば、つい冷たく接していた夫・妻と温かい関係を取り戻したり、苦手な舅、姑とのやり取りがラクになるという効果もあるでしょう。

こうして親がマインドフルネスを身に付けて自分の変化を実感したら、次のステップでは、親がリードしながら子どもと一緒にトレーニングをしましょう。

子どもと言っても2、3歳は、まだ何かにずっと注意を向けておくことができず、マインドフルネスに取り組むのは難しい年齢です。**早くて4、5歳、小学校に入る前から始めるのが一番良い時期ではないかと思います。**

最後のステップでは、子どもだけで行うトレーニングを紹介します。中学生になれば、初めのうちは親と一緒のトレーニングを行って、慣れてきたらこの章にある方法で、一人で取り組むように勧めてみましょう。

時間はかかっても自分の力に

マインドフルネスは、心のクセを直すものです。
目の前のことではなく、ほかのことを考えてしまうクセを直す、そして、いまの自分の気持ちに改めて気づくクセを付けるものです。おわかりのとおり、毎日少しずつ、クセに気づいては直すということを繰り返していくうちに、時間をかけてようやく直っていくものです。

心のクセを直すマインドフルネスも同じように時間がかかります。トレーニングの内容はシンプルでそれほど難しくはないように感じるのですが、呼吸や身体の一部に感覚を集中させたり、浮かんできた雑念にしっかり気づくというのは、実際にやってみるとそう簡単にはできません。始めたからといってすぐに効果が現れるものでもなく、**変化を実感するには、大人でも3週間から1か月かかります。**

ただ、マインドフルネスに取り組むと、驚くべきことに脳自体の構造が変わり、働きが変わります。詳しいことは次の3章で紹介しますが、効果はその結果であって、だからこそ少しずつでもトレーニングを積まないと実感できないのです。

ただ、安心していただきたいのは、**トレーニングをした分はしっかり積み上げられていくので、もしもしばらく休んでしまったからといってゼロに戻るわけではないということ。**また再開すればすぐもとの状態までたどり着けます。ですから、なかなか効果が感じられなかったとしても早々にあきらめず、ぜひ続けてください。

取り組むトレーニングは、紹介している中で自分が取り組みやすいものだけで十分です。集中して5～10分、できれば毎日続けるのがベスト。早起きが得意な人は朝に取り入れると、その日をマインドフルに過ごすきっかけとなりそうです。

とはいえ、身体を動かすエクササイズと違って、心のクセを直す静かなトレーニングですから、いつでも、内容によってはどこでもできる分、かえって毎日続けるのが大変かもしれません。

歯を磨くように決まった日課の前後に組み入れて、習慣にするのも一案です。あるいは、ママ友と集まって一緒に取り組んだり、ヨガのレッスンには瞑想を取り入れているところが多く、合わせて身体も動かせるのでお勧めです。

大人も子どももムリせず、続けることが大事

とはいえ、子育て世代は忙しく、うっかりやらないまま1日を終えることがあっても仕方ありません。そうしたことも考えて、**日常生活の中でマインドフルになることを心がけて過ごす時間を作るのもお勧めです。**

例えば、料理を作っているときや掃除をしているとき、ひとつひとつの作業に意識を向けてみましょう。

家事は複数を並行して行っているというのであれば、すべて済ませた後でひと息つくとき、コーヒー1杯を集中して飲んでもいいでしょう。

また、その日に怒ったり、イライラして感情をぶつけてしまったら、眠る前に改めて振り返って反省することも効果的です。重要なのは、「今度同じようなことがあれば呼吸に意識を向けよう」などとシミュレーションすること。ネガティブな気持ちになって落ち込んでいるばかりではダメですが、こうして頭の中で練習すると、実際に

次の同じような場面でうまく自分の気持ちに気づいて距離を置き、うまく対応できることが多いです。

あるいは、子どもに本を読み聞かせするときに、「早く寝てほしい」などと思わずに自分も文章を味わいながら、ゆっくりと読み上げるのです。

子どもにも、好みのトレーニングをムリのない範囲で続けられるようリードしましょう。**小さい子どもでも少しずつ続けるうちに自分で効果を実感すれば、自然と自ら取り組むようになるはずです。**

やがて、注意を集中させることがうまくなって、勉強にも手応えを感じ、ストレスに負けない心が培われていきます。

これが変わらず自分の力として身に付くわけですから、親が一緒にマインドフルネスに取り組むことは、子どもと共に未来に向けた素晴らしい財産を作り、手渡してあげられることでもあるのです。

それでは、レッツトライ！

STEP1／まずは、親が変わる

1．呼吸瞑想法

マインドフルネスでもっとも基本となる方法で、呼吸に注意を集中させます。

準備／仰向けに寝るか、椅子に座った姿勢で行います。目は開けても閉じてもかまいません。

① 背筋を伸ばします。
② 腹式呼吸で、まずはお腹が大きく膨らむぐらいまで息を吸います。
③ お腹をへこませながら、息をしっかりと吐ききってください。
④ ②と③を繰り返し、お腹を「膨らむ、縮む、膨らむ、縮む……」と観察します。

なるべく集中して、ほかのことを考えないようにしましょう。

⑤　どうしてもいろいろなことが頭に浮かんでくるのであれば、それに気づいて頭に浮かぶことを観察して、「雑念、雑念」とラベリングし、再びお腹の膨らみ、縮みの観察に戻ります。

※呼吸をコントロールする必要はありません。自分のリズムで吸って吐いてください。

※お腹ではなく、空気が鼻を出入りする感覚や、肺が膨らんだり縮んだりする感覚がわかれば、そこに注意を向けて観察してもいいでしょう。

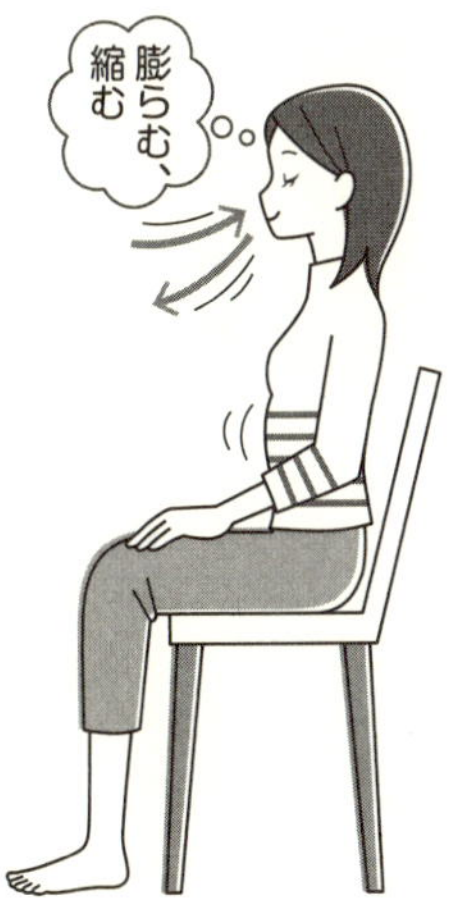

2. 食べるマインドフルネス

マインドフルネス、つまり「いま、ここ」に意識を向け、あるがままに受け入れるのがどういうことかを知るトレーニングです。

食べるものに注意を向けて味わうことで、ふだん、自分がいかに「心ここにあらず」の状態で行動しているか、実感します。

準備／レーズン3粒を用意する。

① 初めにレーズンを観察します。

2～3分かけて、注意を向けながら色や形を見たり、匂いをかいだり、指で触った手ざわりを感じます。

② 1粒ずつ口に入れて、かまずに口の中の感覚に意識を向けて、舌でレーズンに触れます。

③ ゆっくりとかんで、味わい、飲み込みましょう。②と③を合わせて、2～3分かけて行います。

④ 残りの2粒も、同じように味わいます。

3. 歩くマインドフルネス

歩きながら、自分の身体の感覚に注意を向けるトレーニングです。

① 自分の脚を動かす感覚や、足の裏が地面に接する感覚に注意を集中させながら歩きます。例えば「足先」「かかと」など注意を集中させる身体

の部位を決めておくと、集中力をキープしやすいでしょう。

② いろいろな思いが浮かんできたときは、それに気づいて「雑念、雑念」と観察して、再び身体の感覚に注意を向けます。

※公園などで、自分の注意をもっとも集中して向けられる速度で安全に気をつけて歩いてください。

4. ボディ・スキャン

身体の一部に集中して感覚を感じ取り、ほかの部分に注意を移動させながら順番に感じ取っていく方法です。身体の感覚が覚醒して、鋭敏になります。

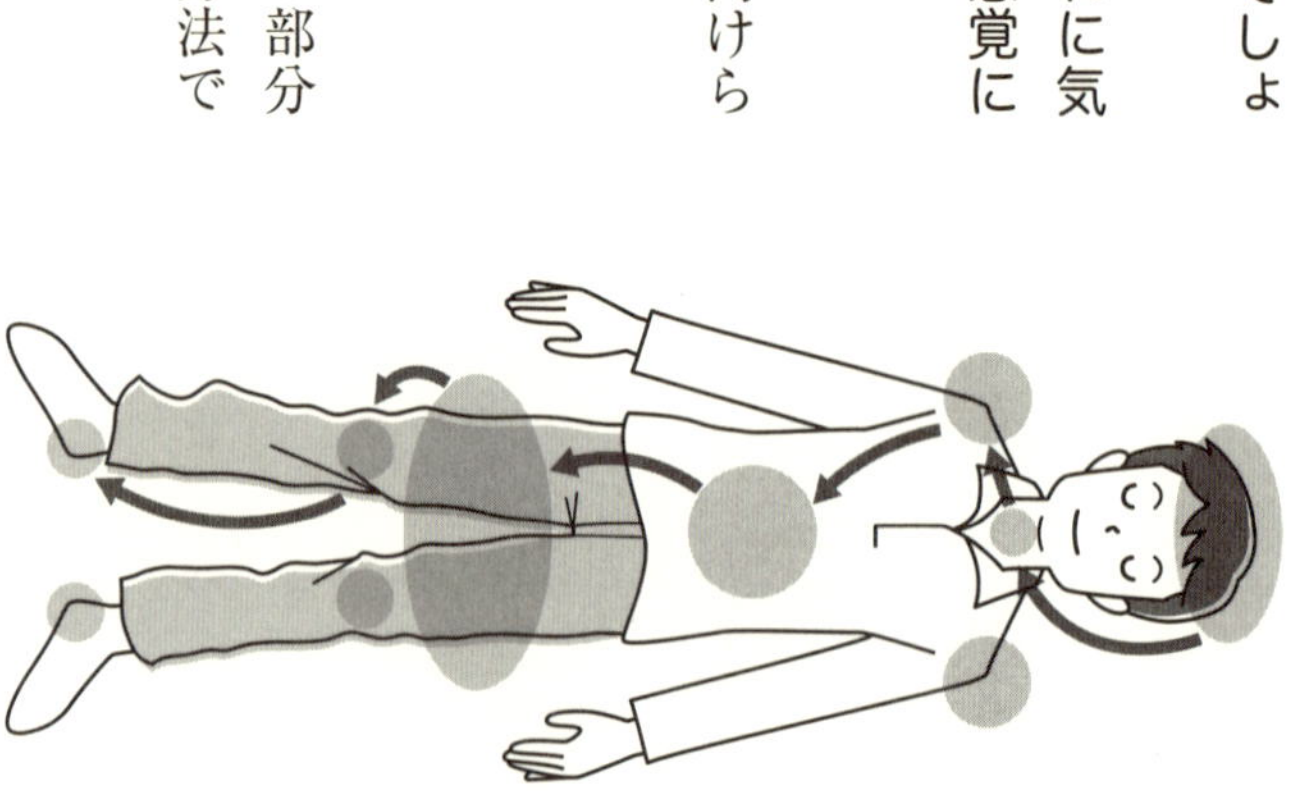

①　仰向けになって、目を閉じます。

②　注意を身体の一部に集中させて、そこの感覚を感じ取ります。

③　十分に注意を集中させたあと、ほかの部分に注意を移動させて、そこの感覚を感じ取ります。

例えば、まずは上から頭に注意を向けて、「すっきりしている」「重い感じがする」などと感じ取り、次に肩、首、のど、お腹、太もも、ひざ、足の裏など順に下へと移動させて進めていきます。

5．静座マインドフルネス瞑想法

時間をかけてじっくり取り組みたい瞑想法です。初めは10分からスタートして、少しずつ時間を延ばし、30分以上座っていられることを目指し

ましょう。

準備／椅子に座るか、床にあぐらをかくか、長く座っていられる姿勢を選んでください。

① 気持ちをラクにしながら、自分のお腹の動きと呼吸に注意を集中させます。

② 呼吸に集中できるようになったら、呼吸と身体の一体感を意識して、呼吸やお腹の周辺まで意識を広げましょう。

③ 音だけを聴くように意識します。何の音かを判断したり、考えたりせずに、純粋な音として聴いてください。

④ 瞑想を始めた2～3分間は、頭に考えや感情が浮かんできたら注意を向けます。ただし、それに引き込まれずに浮かんでくるプロセスを観察しましょう。

⑤ そのあとはできるだけ何にも注意を払わず、意識したものはすべて受け入れて、あるがままの意識を観察します。

6. スローモーション

これ以上できないくらいに、ゆっくりと手を上げ下げします。余計なことを考えずに、いまの瞬間にだけ集中しましょう。2~3分を目安に始めて、10分ほどできるようになれば大きな効果を感じることでしょう。

準備／あぐらなどをかいて、ゆったりと座ります。

① ゆっくりと手を上げながら、「手を上げる、上げる、上げる、上げる」と言って、上まできたら「止める」と1回だけ言います。

② 同じスピードで、今度はゆっくりと手を下ろします。「手を下ろす、下ろす、下ろす……」と実況中継してください。

③ 最後まで下ろしたら、1度、深呼吸をしてから終わります。

※最初の週は毎日練習して、2週目は週に3回以上、空いた時間を利用して行ってください。

※慣れたら、歩く、座る、食べるといった日常の何かの動作を意識してゆっくりやるようにしましょう。その流れの中で、瞬間、瞬間に何を感じているかに注意を向けるようにします。

7. ストップモーション

私たちは日常いつも動き続けています。その動きをストップしてみることで、これまで気づかなかった自分に出会うトレーニングです。とてもシンプルですが、真剣に取り組むのがポイントです。2～3分を目安に始めて、10分ほどできるようになれば大きな効果を感じるでしょう。

① 脚を肩幅くらいに広げ、両手を身体の前か後ろにそろえます。体重は両脚に均等にかけて、そのまま身体を固定して、柱のように立ちます。

② 頭の中で、いまの瞬間を実況中継していきます。「立っています、立っています、立っています、感じています、感じています、感じています」と繰り返し、柱になったつもりで実況中継を続けましょう。

③ 目線は2〜3メートル前方に向けます。もしも、雑念や妄想が浮かんできたら「雑念、雑念、雑念」「妄想、妄想、妄想」と3回言ってカットして、もう一度いまの瞬間に戻って、実況中継を続けます。

※1～2週は毎日練習して、3週目は週に3回以上、空いた時間などを利用して行ってください。

8. 日常で行う瞑想トレーニング

これまでに紹介した方法の中で、自分のやりやすいものを選んでトレーニングする一方で、日常生活でさまざまな行動をするとき、行動に注意を集中させて、その瞬間の考えや感覚に気づくように心がけましょう。こちらもまた、マインドフルネスを身に付けるトレーニングとなります。

例えば、ご飯を食べるときに「お箸をもつ、ご飯をつまむ、口に運ぶ、口に入れる、かむ、飲み込む」という**動作を心の中で実況中継していきます。**歯をみがくとき、お風呂に入るとき、歩くときなど、自分が行っている動作を客観的に観察して、心の中で言葉にするのです。

また、活動中に湧いてきた感情も観察して、心の中で実況中継してみましょう。子どもがいたずらをして腹が立ったら、「いま、私は腹を立てている」と言葉にするのです。

このとき、「腹が立つ！」という自分自身の気持ちではなく、外側から見ているような立場に立つことが大切です。いつも子どもがご飯を残すので落ち込んだときは、「また落ち込んだ」ではなく、「私はまた落ち込んでいる」とただ観察するのです。

湧き出てくる感情を抑え込む必要はありません。**ありのままに観察していれば、怒りやイライラといったさまざまな感情は、自然におさまっていきます。**

感情的に子どもを怒ったり、イライラした気持ちをぶつけることもなくなっていきます。

こうした動作や感情にプラスして、視覚、聴覚、嗅覚、味覚、触覚の五感でとらえた感覚、そして頭の中に自然と浮かんでくる考えも観察していけば、やがてムリなくマインドフルネスが身に付くでしょう。とくに働きながら子育てをするなど、時間に追われてなかなかトレーニングに取り組めない人には、日々の暮らしでマインドフルネスを練習＋実践できるお勧めの方法です。

STEP2／次に、親子で実践！

1．キャットウォーキング

小さな子どもには、遊びやゲームの要素を加えて楽しんで取り組めるようなトレーニング方法がお勧めです。

こちらは、大人向けの歩く瞑想を子ども向けにアレンジして、動かす脚や床を踏む感覚に注意を向けられるようにしました。幼稚園児から小学中学年までの子ども向けです。お母さん、お父さんがリードしながら、一緒に身体を動かしてください。

① これからネコのまねをします。まずはネコの気持ち（または気分）になりましょう。では、脚を肩幅に開いて立ちましょう。

② 少しひざを曲げます。

③ 片方の脚に体重を乗せて、もう一方の脚をゆっくりと前にもち上げます。

④ 前に出した脚をつま先からゆっくりと床につけます。

⑤ 前に出した脚全体を床につけて、脚で床を感じます。

⑥ 次に、前に出した脚にゆっくりと体重を乗せましょう。そう、ネコのように。

⑦ すると、後ろの脚が軽くなるので、持

ち上げて、前に出して、つま先からゆっくりと床につけます。

⑧ その前の脚を床につけて、脚で床を感じます。

⑨ これを繰り返して、ネコのように歩きましょう。顔もリラックスして、笑顔で自分に感謝しましょう。

※小学校高学年や中学生の場合は、「ネコのまね」の部分をカットして取り組むとよいでしょう。

2. ライオンが寝ている

大人向けの呼吸法とボディ・スキャンを、子ども向けにアレンジしたトレーニング方法です。キャットウォーキングと同じく、幼稚園児から小学校中学年までの子ども向けで、小学校高学年や中学生には、ライオンと言わずにインストラクションしましょう。

① これからライオンのまねをします。まずはライオンの気持ち（または気分）になりましょう。では、仰向けに寝転がって、手は身体の横に自然に置いてリラックスしましょう。全身をリラックスさせます。

② 両脚の下にある床の感覚を感じてみましょう。息を吸ったとき、そして吐いたとき、身体がどのように動きますか？ リラックスします。

背中の下を感じてごらん
そのまま息を吸ってみて

③ おしりの下の床を感じてみましょう。息を吸ったとき、そして吐いたとき、身体がどのように動きますか？ リラックスします。

④ 背中の下の床を感じてみましょう。息を吸ったとき、そして吐いたとき、身体がどのように動きますか？ リラックスします。

⑤ 腕の下の床を感じてみましょう。息を吸ったとき、そして吐いたとき、身体

がどのように動きますか？　リラックスします。
⑥　腕の下の床を感じてみましょう。息を吸ったとき、そして吐いたとき、身体がどのように動きますか？　リラックスします。
⑦　全身の下の床を感じてみましょう。息を吸ったとき、そして吐いたとき、身体がどのように動きますか？　リラックスします。
⑧　顔もリラックスしましょう。笑顔で自分に感謝しましょう。

3．雲が流れていく

これは自分の心を客観的にとらえるトレーニングです。小学校高学年の子どもにちょうどよい内容です。

①　あなたの心が空のように解放されて、広く、清《す》んでいると想像してください。

② いま、何か考えていますか？　あなたの考えていることが雲のように動いていると想像してください。その雲は明るいかもしれないし、暗いかもしれません。軽いかもしれませんし、重いかもしれません。

③ その雲を動くにまかせましょう。雲の動きを変えてもいけませんし、止めてもいけません。こちらに近づいても遠ざかってもそのままにしておきましょう。

④ その雲の後ろには、空は相変わらず広く清んで解放されています。

4．海

「雲が流れていく」と同じく、小学校高学年に向けた心を客観的にとらえるトレーニングです。

① あなたの心が海のように広くて解放されていると想像してください。

② いま、何か考えていますか？　あなたの考えていることが、波のようにいつも休むことなく動いていると想像してください。その波は穏やかかもしれないし、荒いかもしれません。強いかもしれないし、弱いかもしれません。

③ 波が寄せても引いても、その動きを変えてはいけないし、波の中に潜ってもいけません。ただあるがままに動くに任せてください。

④ 波が去ったら、そのあとには何も残っていません。広くて開放的な海があるだけです。

5. 快適な気持ち、イヤな気持ち

こちらは、自分の考えをあるがままにとらえてから、マインドフルな状態に戻るトレーニングです。

少し難しい内容で中学生以上向けですが、小学校高学年のお子さんでも挑戦してみてください。

①　自分の心の中をのぞいてみて、そこを流れている考えを眺めてみましょう。
②　あなたは何か考えていますか？　その考えをどのように感じますか？
③　愉快な考えもあるかもしれません。それを楽しんでいますか？
④　イヤな考えもあるかもしれません。それはどこかに行ってほしいですか？
⑤　愉快な考えだったとしたら、それに「愉快」と名前を付けて、手放してください。空を流れている雲のように。
⑥　イヤな考えだったとしたら、ただそれに「イヤ」と名前を付けて、手放してください。空を流れている雲のように。

あなたは、その考えと自分の心の間にスペースがあることに気がつきましたか？
心はそこでじっと穏やかですか？

6．怒りと不安の瞑想

誰でも怒ったり、不安になることは当た

り前です。ただ、そうしたネガティブな感情に巻き込まれないように、距離を置いてとらえ直す自覚の方法を身に付けましょう。ずっと気持ちがラクになります。小学校高学年から中学生向けです。

① 椅子に座るか、横になってください。床やクッション、ベンチなどの堅さを自分の身体で感じてください。

② 手をお腹の上に置きましょう。手の感覚を感じてください。

③ 呼吸をするたびに手が動くのを感じますか？　もし感じられたら、その動きを感じてください。

④ あなたが怒りや不安を感じたときのことを思い出してください。それはどこでしたか？　誰と一緒にいましたか？　何が起きましたか？

あなたは怒りや不安を感じているかもしれませんが、それは大丈夫です。

⑥ あなたは自分が怒りを感じているとか、不安になっているということがわかっている限り、怒っても不安になってもかまいません。
⑦ それでは、もうそのことを考えるのはやめにしましょう。代わりにお腹の上にある手を感じてください。
⑧ 呼吸をするたびに手が動くのを感じますか？ もし感じられたら、その動きを感じてください。何も心配しないでください。ただお腹と手を感じてください。
⑨ 最後に笑って、肩を払って自分に感謝してください。

7. チョコレート・エクササイズ

子どもたちが大好きなトレーニング方法です。幼稚園児から小学生向けです。

準備／チョコレートをひとつ用意します。

① 目を閉じてください。何が起きてもけっして開けてはいけません。

② 少しだけ口を開けてください。これから口の中に何かを入れます。かまないで、口の中で溶かしてください。

③ どんな感じがしますか？ よく注意してみてください。舌ざわりや温度、柔らかさはどうですか？ 香りはどんなふうに感じますか？

④ かんではいけません。ゆっくり呼吸をしながら、溶かしてみましょう。口の中のものが溶けるのにつれて、あなたの心も溶けていくのを感じましょう。

⑤ 数分経ったら、かんでみましょう。香りや感覚が、いっそう強く感じられることでしょう。舌を使って口の中で転がして、これまで味わったことのない場所を使って味わってみましょう。舌の横や根もと、そのほかいろいろ探しましょう。何か感じることはありますか？

⑥ さあ、飲み込んでひとつになりましょう。その感覚をしばらく味わいます。身体の内側に沈んでいった幸せの種が、スクスク育って、全身に行き渡るところを想像してみましょう。

STEP3／そして、子どもが変わる

やがて子どもは、自分で練習を始める

中学生になれば、多くの子どもが自立心を強めて自分でやろうとすることが多くなります。マインドフルネスも、親に勧められ一緒にやってみると自分自身で変化を実感し、次第に自分でトレーニングに取り組むようになる子どもも少なくありません。

そうした場合、ＳＴＥＰ2の方法を一人で続けさせてもいいでしょう。また、大人が日常で行う瞑想トレーニングのように、生活の中でやりやすい方法をご紹介するので、取り組ませてみてください。

また、マッスル・リラクセーションはイライラしたり、不安や緊張で収縮した筋肉

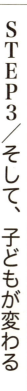

がリラックスするので、お勧めです。

1．眠る前に1日を振り返る

誰でも手軽にできるのは、学校帰りにいつもの通学路を歩きながら、きれいなもの、かっこいいもの、何か新しいものを見つける方法です。よく見ていれば、必ず目につくものがあるはずです。

眠りにつく前に1日を振り返って、楽しかったことを3つピックアップするのも良い方法です。

例えば、友だちから聞いたアニメ本の話がおもしろかった、数学の試験結果が

予想していたより20点近く高かった、帰りにコンビニで買った新商品のアイスがすごくおいしかったなど、なんでもかまいません。

これは「いま、ここ」に意識を向けるわけではありませんが、その日という直近のことですし、広い意味でのマインドフルネスと言ってよいでしょう。

また、ネガティブな気持ちになっていると、否定的な印象のものばかりが目に留まってしまいがちですが、これならポジティブなことに目を向ける訓練にもなります。

2. マインドフルに食べて、ダイエットも!?

時間に余裕のある食事のときに、食べることに意識を集中させましょう。毎日でなくてもOKです。

もちろんテレビは消して、自分の好きな料理を1品、よく見て、香りも感じてから口に入れます。温かさ、歯ざわり、口当たりを確かめながら、じっくりと味わいましょう。

こうして食べると、定番メニューでもいつもより美味しく感じ、時間をかけてゆっくり味わうので食べ過ぎることなく、ダイエット効果も期待できるかもしれません。

親が手を貸すことになりますが、いつものメニューにひと工夫加えて調理して、その違いを言い当てるのは遊び感覚のマインドフルネス・トレーニングになります。

例えば、ハンバーグにいつもと違う食材を混ぜ込んだり、いろいろな果物や野菜でミックスジュースを手作りして、「じっくりと味わって、何が入っているか当ててごらん」と声をかければ、家族みんなで楽しめます。

ほかにも、子どもが自分の大好きな市販のお菓子を、「食べるマインドフルネス」におけるレーズンを味わうように食べるならば、マインドフルネスの優等生です。

本来、食とは、食材や育てた人、作った人に感謝をしながら丁寧にいただくのが理想です。マインドフルネスとともに、そうした心を培うことができたら、素晴らしいですね。

3. マッスル・リラクセーション

筋肉には収縮する神経はあっても、伸ばす神経はありません。ですから、自分で意識をして緩めることが難しく、練習をしないと、収縮したまま気づかないことが多いのです。とくにイライラしたり、不安や緊張を感じたときに収縮する筋肉は、肩から背中にかけてある僧帽筋《そうぼうきん》、眉間にシワを寄せる愁眉筋《しゅうびきん》、ムッとしたときに口を突き出すおとがい筋です。

リラックスして安心感を得るためには、これらの筋肉を一度しっかり収縮させて、それから一気に力を抜いてみましょう。その部分の感覚に気づくことは、注意を身体内部に向けてリラックスする練習になります。

① 腕を地面と平行に前に出します。こぶしをギューッと握ってみましょう。

② そのまま肩の筋肉にも力を入れて、力を入れたまま肩を後ろに引いていきます。

③　手、腕、肩に力を入れたまま、今度は眉間にギュッとシワを寄せて、くちびるをムッと突き出してみましょう。

④　5秒ほどその状態を保ったあと、一気にすべての力を抜いてみます。このとき、とても脱力してリラックスした感じに注意を向けてください。

※1日に2〜3回やってみましょう。

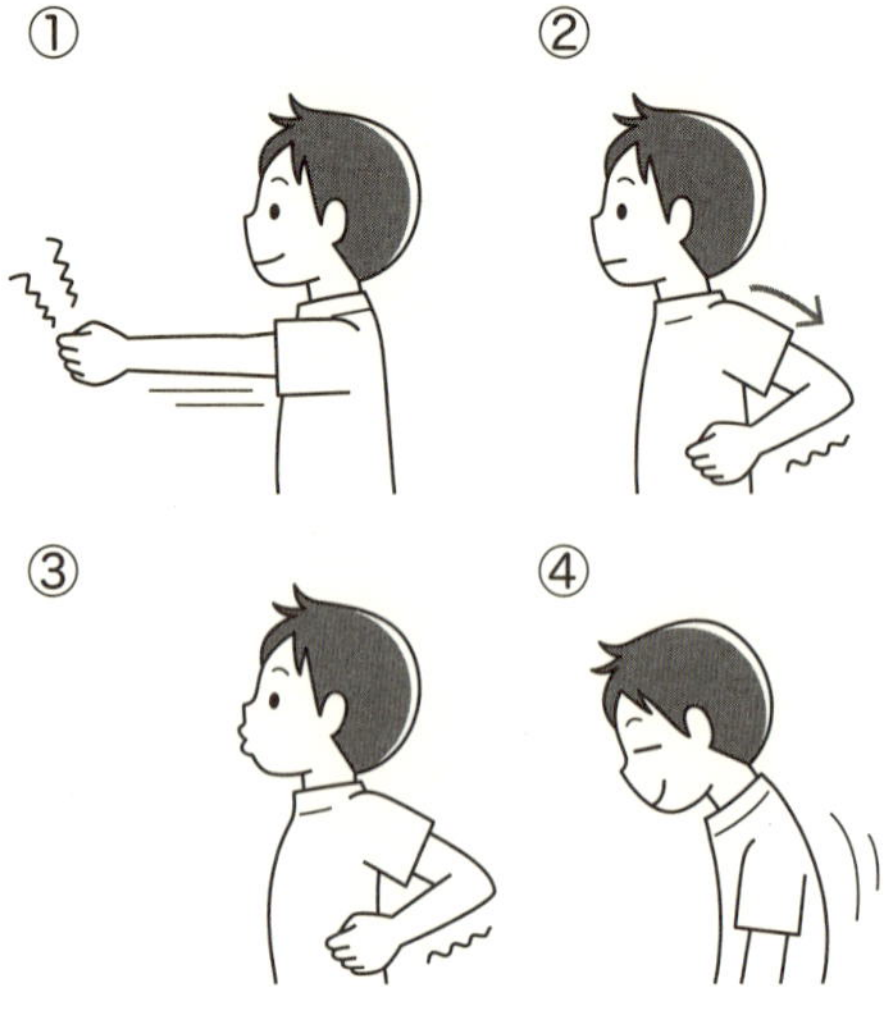

3章

集中力を高めるマインドフルネス

もっと深く、マインドフルネスを知る

見ないふりは、かえって苦痛に

ダイエットのためのエクササイズや食事制限は、身体にとっても心にとってもなかなか厳しく、続かないことが多いものではないでしょうか。それに比べてマインドフルネスのトレーニングは、我慢などなく、身体がきついわけでもありません（もちろん、じっくりコツコツと継続していく忍耐力が必要ですから、簡単とは言いがたいのですが……）。

それなのに、親が身に付ければ、イライラや怒りから解放され、子育てにも幸せを感じられる。子どもに身に付けさせれば、子ども自身がストレスに強くなったり、集

中力が高まって成績がアップするなどといった、素晴らしい効果が期待できるのです。
なんだかあまりに出来過ぎた話で、信じがたいかもしれませんね。

では、心から納得してトレーニングしてもらえるように、この章ではもう少しマインドフルネスについて深くひも解いていきましょう。

1章で、マインドフルネスは、禅や瞑想の考え方から宗教的な部分を取り去って開発された瞑想の技法であるとお伝えしました。1970年代にアメリカのジョン・カバット＝ジン博士がストレス低減法として開発し、医学の分野で慢性的な肉体の痛みを和らげる治療などに用いられましたが、近年ではうつ病の再発予防に効果があることがわかり、注目の心理療法となりました。

いまや老若男女を問わないストレス対処法として、またビジネスマンなどの能力開発のために、欧米を中心に、世界のさまざまな場で取り入れられ、この数年は日本でも注目度が高まり、テレビでの紹介や関連書籍の出版が相次いでいます。

本書もその流れにあるものですが、子育てにマインドフルネスを活用する本は、まだあまり出版されていません。また、子どもにマインドフルネスを身に付けさせる具体的なメソッドを書いた本は、ほとんどないと思います。

さて、一般的な、例えば認知療法などの心理療法では、心の病につながりやすいストレスや後悔、不安といったネガティブな感情を、患者の認知の仕方を変えることでバランス良く修正していきます。

これに対してマインドフルネスは、**自分のネガティブな考えや感情を否定するのではなく、距離を置いて自分の考えや感情を俯瞰的に見つめます。**そうすることで、「自分はこういう考え方をしていたんだ」と自ら気づく方法です。

感じ方を変えるより、自分がネガティブな感情を感じていることに気づくことが、うつ病の再発を防ぐポイントだとわかってきたのです。**重要なのは心の回路を変えることでした。**

〝本家〟の瞑想と同じく、プロセスが大事

禅や瞑想の研究は、少ないながら古くから日本でも海外でも行われていましたが、多くの人が関心を寄せるようになったのは、カバット＝ジン博士によって宗教と一線を画してからです。

禅の究極の目的は、お釈迦様が到達した〝悟り〟に至ることであり、それがどういう状態なのかを知るために、禅僧は修行のひとつとして瞑想をします。**ただし、悟りを得ることを目的とするのではなく、みんな瞑想すること自体を目的として続けるのです。**

一方で、瞑想をマインドフルネスとして研究したり、実際に取り組み始めた欧米の人たちは自我の意識が強く、何かに取り組むとすれば、自分の利益となる効果を見返りとして求める傾向があります。**つまりゲイン（得ること）のあることが前提です。**

例えばジョギングであれば、欧米ではダイエットや健康のためといった目的のため

に走ります。それに対して禅の考え方でいけば、走ること自体が目的になり、二次的な結果としてダイエットできたり、健康になるかもしれないという違いがあります。

ですから瞑想は本来、短期間で効果を見出すものではありません。それは同じく瞑想を元にしているマインドフルネスにおいても同じです。

そして、瞑想自体が目的ということは、そのプロセスが大事なのだということです。ですから集中力を高める、ストレスを改善するなどという目的でマインドフルネスを行っても、**効果を得るためのプロセスを大事にしなくては、逆にあまり効果は上がらないということです。**

子育てもまたプロセスがとても重要ですから、マインドフルネスとの相性はぴったりでしょう。

もし、子どもが良い大学に入る、高収入を得られる職業につくということをゴールにして、つねにそれを意識して過ごすならば、子育ては単なる手段となってつまらなくなってしまうでしょう。どうぞ、日々の何気ない子どもとのやり取りにおいて、マインドフルに触れ合って、たくさんの幸福を感じていただきたいと思います。

ストレスフリーで、子どもがグングン伸びる!
マインドフルネス子育て法

ご記入・ご送付頂ければ幸いに存じます。　初版2018・3　**愛読者カード**

❶本書の発売を次の何でお知りになりましたか。
1 新聞広告（紙名　　　　　　　）2 雑誌広告（誌名　　　　　　　）
3 書評、新刊紹介（掲載紙誌名　　　　　　　）
4 書店の店頭で　5 先生や知人のすすめ　6 図書館
7 その他（　　　　　　　）

❷お買上げ日・書店名
年　月　日　市区町村　書店

❸本書に対するご意見・ご感想をお聞かせください。

❹「こんな本がほしい」「こんな本なら絶対買う」というものがあれば

❺いただいた ご意見・ご感想を新聞・雑誌広告や小社ホームページ上で

(1) 掲載してもよい　(2) 掲載は困る　(3) 匿名ならよい

ご愛読・ご記入ありがとうございます。

郵便はがき

料金受取人払

神田局承認

3322

差出有効期限
平成30年8月
31日まで

101−8791

509

東京都千代田区神田神保町 3-7-1
ニュー九段ビル

清流出版株式会社 行

フリガナ		性　別		年齢
お名前		1. 男	2. 女	歳
ご住所	〒 TEL			
Eメール アドレス				

お務め先 または 学校名	
職種 または 専門分野	
購読されている 新聞・雑誌	

※データは、小社用以外の目的に使用することはありません。

リラックスが目的ではありません

マインドフルネスを実践するとストレスを感じにくくなることから、**マインドフルネスをリラクセーションの一種のようにとらえる人がいますが、両者はまったく異なります。**

次ページの図にあるように、リラックスした状態とストレスを感じている状態は正反対の関係にあり、リラクセーションとはストレスを軽減して心身をリラックスさせる、横軸を右向きに動かすための方法です。具体的には森林浴をする、良い香りを嗅ぐ、甘いものを食べるなど、ストレスを感じている現実から離れる手段であり、その方法もたくさんあります。

マインドフルネスはそれとは別次元の、いわば縦軸にあるような方法です。「いま、ここ」で起きていることとは違うことに思いを巡らせ、そうしている自分に気づいていないマインドレスな状態から、まずは自分がマインドレスな状態にあることに気づ

きます。そして、「いま、ここ」で起きていることに注意を向け、マインドフルな状態に戻ろうとすることがマインドフルネスです。

リラクセーションと違ってリラックスするのが目的ではなく、自分や周りのいまの状態に気づくことが目的なのです。ストレスを感じにくくなる、気持ちが軽くなるのは、「結果的にそうなった」という副産物です。

また、マインドフルな状態と混同しやすいのが〝フロー〟状態です。これは、一流のアスリートがたびたび経験する極限の集中状態で、「ゾーンに入る」とも言われます。

【マインドフルネスはリラクセーションとは違う】

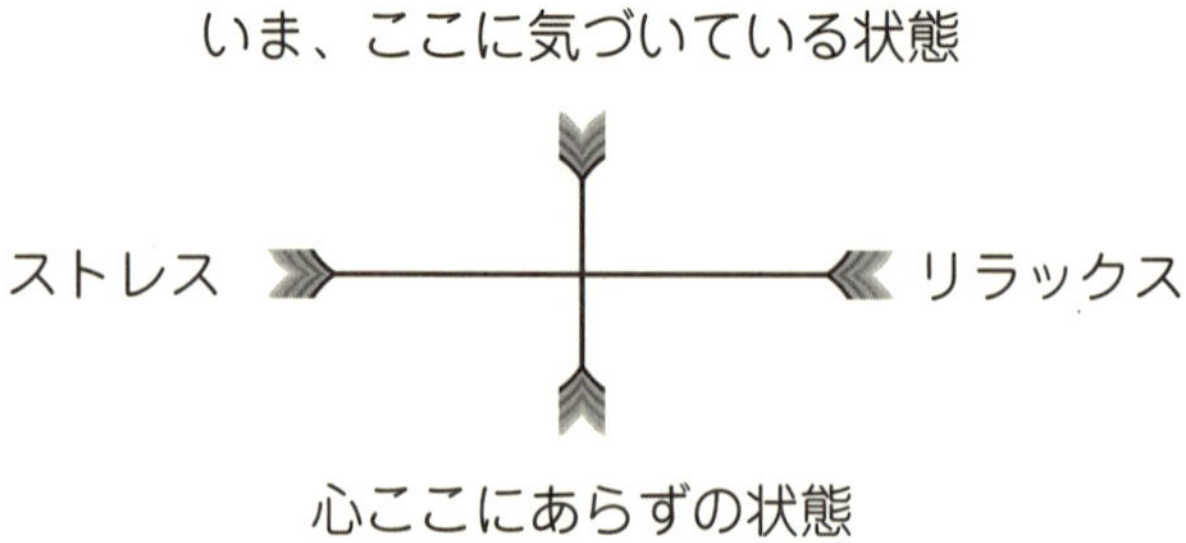

我を忘れるほど何かにのめり込み、それがうまくいっている状況のことですが、忘我状態なので、マインドフルネスのように自分がどのような感情で何をしているのか客観的に見つめることはできません。

マインドフルネスが実際にどういったものかを知るのは、まだ身に付けていない人にとって、難しいでしょう。でも、**少しずつでもトレーニングを続ければ、1か月前後でふと自分の変化に気づくはずです。**ぜひ実感してください。

マインドフルネスの実践で、脳が変わる！

トレーニングを続ければ、脳の構造に変化が！

それでは、なぜマインドフルネスの実践がこれほどの効果をもたらすのか、その理由を追っていきましょう。

マインドフルネスは、トレーニングを始めてから実際に効果を実感できるまで、1か月ほど時間がかかります。ただ、身体はトレーニングを休むと筋肉が落ちて元に戻ってしまいますが、マインドフルネスの場合は**休んでもそれまで積み上げてきた成果が衰えたり、ゼロに戻ってしまうことはありません。**

自転車に乗れるようになるのと同じで、一度身に付けたスキルを失うことはないのです。

ところで、脳はよく使っている部位が大きくなって、あまり使わない部位は小さくなっていくというように、経験によって変化する特徴があります。

日常、たいていの人は頭の中でいつもあれこれ考えているので脳の考える部分がよく働いていますが、マインドフルネスのトレーニングでは考えるのを止めて、いまこの現実だけを感じることに集中するので、脳の感じる部分をより働かせることになります。

こうした状態を続けるうちに脳の感じる部分が大きくなって、いつしか自然と目の前のことに注意が向かいやすくなり、何かを考えるよりいまのことを感じるようになっていくのです。**脳の使い方が変わって、その結果、脳の構造まで変化するわけです。**

もちろん、1か月前後のトレーニングで少し変化を感じても、脳が変わるところまでたどり着くわけではありません。ただ、休む日があってもいいからトレーニングを止めず、少しずつでも続けていけば、いつしか必ずマインドフルな状態が心のクセとなっているはずです。

脳の働きでストレスに強くなる！

マインドフルネスによって現れる脳の変化は、複数確認されているので、ご紹介しましょう。

聞いたこともない名称などが出てきて、少し難しいと感じるかもしれませんが、自分の脳の働きや構造が変わるなんて、すごいと思いませんか？　まずは、働きの変化からお伝えします。

大脳の内側にある前帯状皮質《ぜんたいじょう》という部位は、脳の中でよく働いている部位をスイッチング、つまり切り替える役割をもっているのですが、マインドフルネスを実践すると、この部位自体がよく働くようになることが、実験でわかっています。

前帯状皮質は、自分をコントロールして臨機応変に対応する能力や、過去の経験をもとにふさわしい行動をする能力に関わっています。

例えば、子どもがまた後片づけをする約束を破ったとき、ふつうなら頭に来て怒るところですが、前帯状皮質がよく働くと、目の前の子どもがどんな表情をしているか、このあとどうするのかをありのまま観察してみようとするのです。つまり、子どもの気持ちを読み取れるようになっていきます。

一方、前帯状皮質の後ろ側にある**後帯状皮質《こうたいじょう》は、クヨクヨと後悔したり、思い悩んだりしているときに活性化して、ある意味でストレスをためるもとになる部位です。**マインドフルネスのトレーニング中、「いま」生じていることに気づいていると後帯状皮質は活性が低下していますが、自分の考えや感情にとらわれていると活性がアップするという実験結果があります。つまりマインドフルな状態であれば、ストレスに負けず心の落ち着きを取り戻せます。

それから、**大脳皮質の前の部分にある背外側《はいがいそく》前頭前野という部位は、大脳全体の司令塔と呼ばれるまとめ役を果たしていますが、こちらもストレスに強くなる働きを担っています。**

研究によると、マインドフルネスを実践した人は安静状態で無意識に脳が働いているときにも、この司令塔が活動して、あまり余計な雑念が浮かんでストレスにならないようにコントロールしている、という結果が出ているのです。

脳の構造が変わって、ステキな人に！

さらに、マインドフルネスによって脳自体の構造にも変化が現れます。

アメリカの脳科学者がマインドフルネスを実践している人の脳をスキャンすることで、いろいろな部位を計測し、一般の人との数値を比較しています。**その結果、大脳の表面を覆う大脳皮質の前部にある前頭前皮質が、長年マインドフルネスをしてきた人のほうが厚くなっていました。**

この部位は、判断、決定、計画、識別などの働きをするほか、思いやりや共感、優しさを感じるときに活性化するので、あなたがマインドフルネスを続ければ、周りの人から優秀だと思われると同時に、温かい心のもち主だと感じさせるようになっているはずです。

また、同じ研究で**マインドフルネスをしている人は扁桃体《へんとうたい》が小さくなっている**という結果も出ています。

扁桃体は大脳内部の左右にあり、何か不快なことがあったとき、怒りや不安、恐怖といった感情を生み出して、その相手と闘おうとしたり、その場から逃げようとするなどの反応を起こします。つまり、マインドフルネスを続けていくうちに、子どもの言動に振り回されて、ネガティブな感情に襲われることが減るわけです。

こうして脳の構造が変われば、自分でマインドフルネスを意識しなくても自然とマインドフルな状態でいられます。脳の神経は生きている限り発達し続けるので、トレーニングを続ければ、誰でも心のクセを直せるということです。

身体や心も変化する

脳だけでなく、身体的、心理的にも変化が見られます。

アメリカで精神神経免疫学の研究をしているチームは、**マインドフルネスがストレスを軽減させ、それに伴って免疫が低下するのを防ぐ**と発表しています。

実験では、参加者全員にストレスのかかる作業をさせた後、ストレスがかかると分泌量が増える物質の量を測定しました。

そして、参加者のうち半数が６週間マインドフルネスの講座を受けてから、全員で再び同じ作業をして同じ体内物質の量を測定したところ、マインドフルネスを行ったグループの人たちは体内物質の量が大幅に減少していて、心理的なストレスも半分以下に減っているという結果が出たのです。

一般的に、ストレスは免疫系の機能を低下させます。つまり、**マインドフルネスを身に付ければ、ストレスに強くなり、免疫力もアップする**ということです。６週間でこれほどの違いが出るのですから、トレーニングにチャレンジしようという気持ちがムクムクと湧いてきませんか?

また、イギリスの神経科学者のチームは、うつ病の患者を、マインドフルネスを取り入れた心理療法を受けるグループと、薬物療法を受けるグループに分けて、治療終了後に2年間、その効果が持続しているかどうか追跡調査をしました。

2つのグループに再発率の差は認められませんでしたが、薬物療法は副作用が大きく、一方、マインドフルネスには副作用はありません。つまり、マインドフルネスを取り入れた心理療法のほうが得策であることが明らかなのです。

さらにアメリカの心理学者のチームは、大学生を対象にマインドフルになりやすい傾向と、セルフコントロールの力、幸福感、不安、苦悩について探るアンケート調査を行いました。

その分析結果は、マインドフルな傾向が強い人ほど、セルフコントロールの力が高く、幸福感も強かったのです。加えて、不安や苦悩を感じることも少ないとわかりました。マインドフルであれば、自分の感情に流されることなく、行動をコントロールできている実感があるようです。

マインドフルでアイデアは浮かぶ？

歩きながらあれこれ考えているうちに、ふっと良い商品のアイデアが浮かんで大ヒットする、科学者が食事をしながら研究テーマの重要な解決法を思いついた、という話がよくあります。

でも、マインドフルネスでは、そうした「ながら○○」であれこれ考えるのは避けるべきこと。仕事や学問、日常でも大切な思いつきの機会を失っていることはないのでしょうか？

マインドレスな状態でなんとなく思い浮かんだことから、次々といろいろなことを考えてしまうのは、言葉をもった人間の性《さが》なのです。

いろいろ考えるといっても、ある一定のパターンの範囲をグルグル回って考えていることがほとんどで、それが不安や心配事に繋がることも多いでしょう。無意識に考えている状態は脳の広い領域が活性化していて、だからどんどん考えてしまうのですが、エネルギーをかなり消費します。しかも、それが不安や心配事であれば余計に脳が疲れます。

世界的な企業が社員の研修などにマインドフルネスを取り入れているのは、そのように無意識に考え続けて疲れるより、集中力をつけて考えたり、「いま、ここ」を感じるようにしたほうが、良いアイデアに繋がるからです。

目標をもった思考には、脳の感じる部分から送られてくる情報も有益なのです。

マインドフルネス子育てで、どんなふうに変わる？

マインドフルネスな子育てをするポイント

こうして脳や身体という肉体に、明らかな物理的変化が生じて、効果が認められているマインドフルネスですが、ここでは日常の子育てで実践するにあたって、親が大事にしたい点と、それによって自分にどのような効果があるかを改めて整理します。

まず何より大切なのは、**しっかりと注意を集中させて子どもの話に耳を傾けること。**赤ちゃんであれば声や動作に集中して、コミュニケーションを取りましょう。ますます愛おしくなりますし、赤ちゃんは安心します。

もう少し大きければ、子どもが話す言葉だけでなく、声のトーンや表情、ボディランゲージなども合わせて意識を向けるようにします。すると子どもが本当に訴えたいことを理解できるようになります。

そして、**子どもを評価しないこと。**それは子どもに期待するからこそではありますが、非現実的な期待は、子どもにとっても親にとってもストレスのもとになってしまいます。

良い・悪いと評価する代わりに、いまここで子どもがしていること、感じていることをきちんと感じ取って、あるがままに受け止めてください。そうすればその子にとって適度な期待をかけながら、自分の子育てに自信をもって過ごすことができるでしょう。

自分と子どもが、いまどのような感情をもっているのかに気づくことも、マインドフルネス子育ての基本です。大部分の親は、自分の感情のままに子どもに接してしまいがちですが、それは子どもにとって大きな意味をもたず、しつけにもなりません。

親が自分と子どもの感情を正確にとらえ、それを意識して子どもに接していれば、子どもも親に理解されていると感じて安心し、親の伝えたいことが伝わります。

また、マインドフルネス子育ては不安や怒りといったネガティブな感情を否定するものではありません。そういった感情が湧いてきて表現する前に立ち止まり、自分の感情に気づくことで、子どもが適切に表現する方法を選べるようになることが大切です。

子どもの言動にカーッとしても、その怒りと距離を置いて、「私はいますごく怒っている。でも冷静になって、怒りをぶちまけるようなことはしない」などと、頭に思い浮かべるように頑張りましょう。

自分がこうしたマインドフルネス子育てができるようになれば、深い部分で子どもの感情にも気づき、それがどういったものか、どう表現したらよいかと子どもに教え、感情を整理させ、気づかせることもできます。

最後は、自分と子どもに共感することを大切にすること。

「いま、ここ」の自分や子どもをあるがままに受け止められれば、自分の子育てがうまくいかない、子どもが期待どおりに育たないと自分を責めることもなくなります。

ある研究では、**親が、自分たちの子育て能力は高いと考えていると、実際に能力の高い子どもに育っていることが多いと報告されています。**自分自身の努力を評価できれば、結果的に子どもの能力もアップするのです。

子どもがマインドフルネスを身に付けると……

マインドフルネスのトレーニングをした子どもたちにどのような変化が見られたのかについては、具体的な実験報告があります。

アメリカの心理学者のチームが4、5歳の子どもたちにボディ・スキャンや椅子に座って呼吸を感じるトレーニングを、週2回、8週間にわたって行いました。その後、トレーニングを行わなかった子どもたちと比べたところ、**実行機能や対人関係のスキルが高まった**という結果が出ています。

実行機能とは、目標を達成するために計画的に行動したり、目の前の刺激に安易に反応しないよう感情をコントロールする能力です。

幼い子どもたちには似合わない説明ですが、例えば実行機能が高ければ、みんなの前で自己紹介するとなったとき、どんなふうに話すかを考えて、緊張や不安で「イヤだ！」と思う気持ちに負けず、勇気を振り絞って前に出て大きな声で話すことができるのです。逆に、こういうことが苦手なお子さんは、マインドフルネスのトレーニングをすれば、克服できると思います。

アメリカ・カリフォルニア州で、公立小学校で937人の子どもが参加した大がかりな実験が行われました。マインドフルネスを行うクラスを完全にランダムに決めたこと、その結果を家族や本人ではなく47人の教師が評価しているという点で、とても信頼できる実験です。

1回15分のトレーニングを週2〜3回、6週間行って、メンタル面の次の4点について測定しました。①注意力、②落ち着きとセルフコントロール、③自分に優しくすること、④他者に優しくすること、です。

下のグラフは、トレーニング前と比べた、トレーニング後の改善率を表しています。マインドフルネスを行った子どもは、何もしなかった子どもより①、③、④で大きな改善が見られます。

次ページのグラフはマインドフルネスのトレーニングが終わった3か月後にもう一度測定し、トレーニングを始める前と比べた図です。こちらでもやは

【小学生にマインドフルネスを行った際の効果】

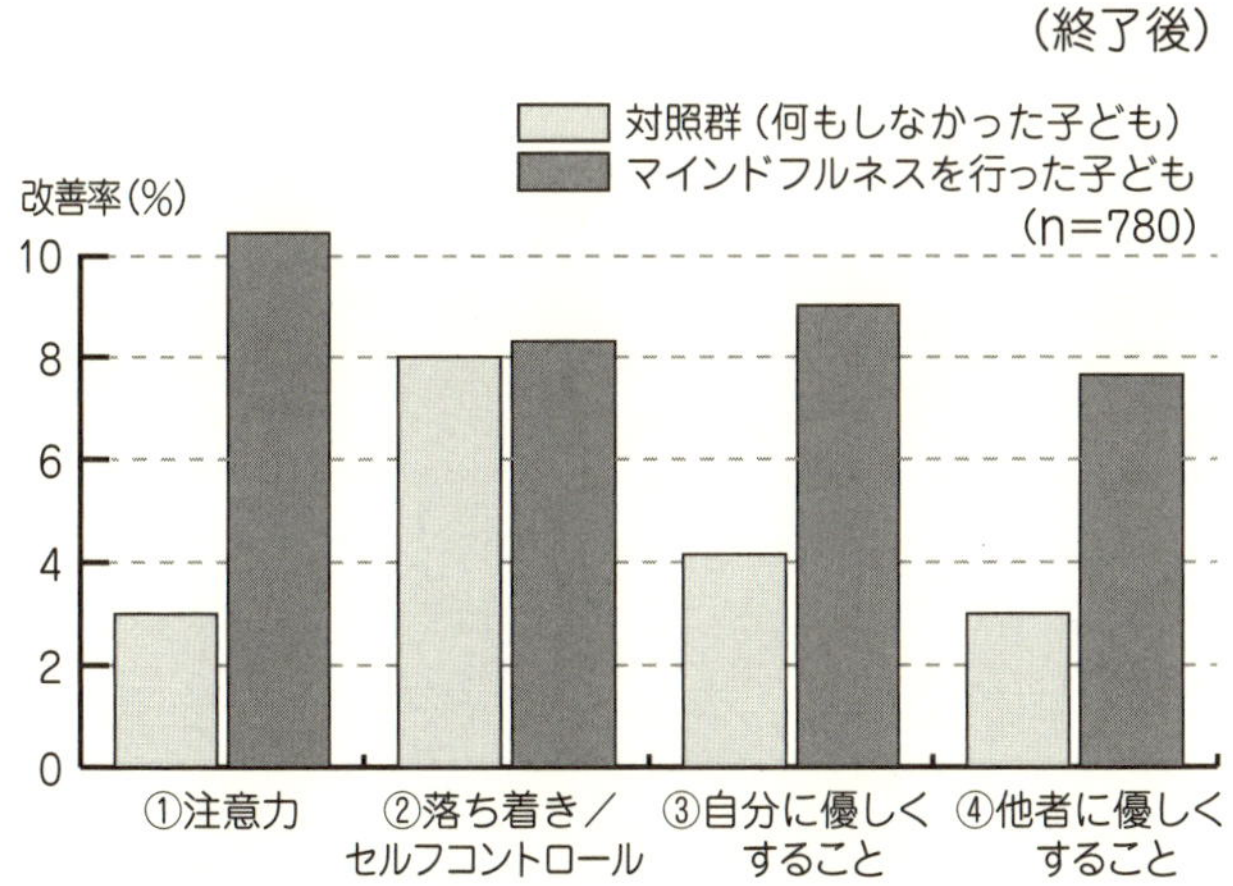

出典:Fernando,R.Measuring the efficacy and sustainability of mindfulness-based in-class intervention.http://www.mindfulschools.org/

り、②の落ち着きとセルフコントロール以外は、トレーニングの効果が持続していることがわかります。練習終了後も効果が持続しているのは、脳に変化が起こったからと思われます。

英国の精神科医・フパートのチームは、中学2～3年生を対象にマインドフルネスのトレーニングの頻度によって、幸福度、レジリエンス、マインドフルネスの3点において効果の違いを比較する実験を行いました。

【小学生にマインドフルネスを行った際の効果】
（終了から3月後）

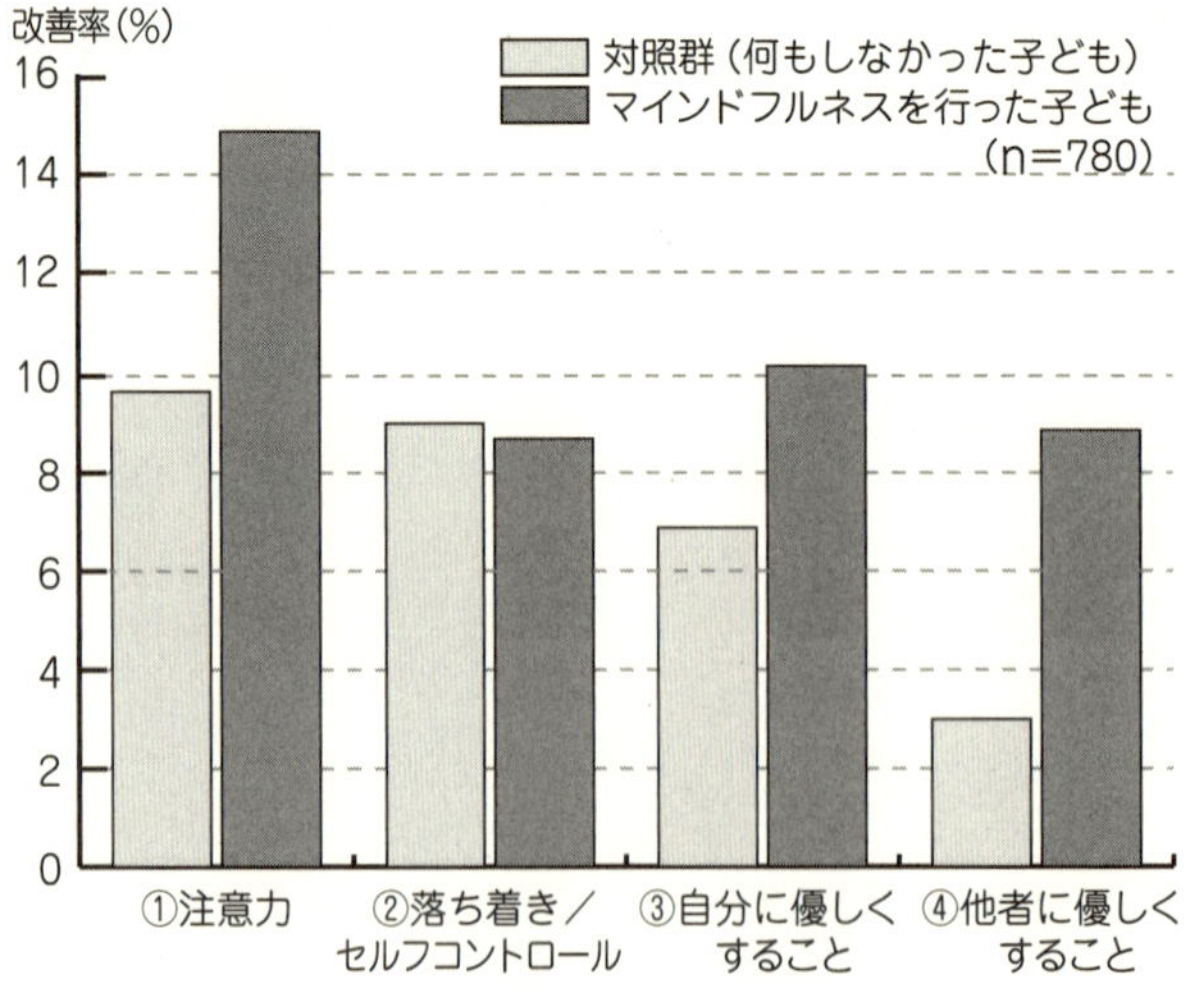

出典：Fernando,R.Measuring the efficacy and sustainability of mindfulness-based in-class intervention.http://www.mindfulschools.org/

週に1回以下のクラス、2～3回のクラス、3回以上のクラスの3つに分けてそれぞれ4週間続けると、下のグラフのように、幸福度とマインドフルネスを実感する度合いは、こまめに練習するクラスほど高くなっています。

レジリエンスというのは、簡単に言えば強いストレスを受けたときに、上手に回復していく力のことで、こちらは週3回以上のトレーニングを続けたクラスだけが高まる結果となりました。

こうした子どもたち対象の実験からわかるように、マインドフルネス

中学2～3年生に
マインドフルネスを行った際の頻度別効果

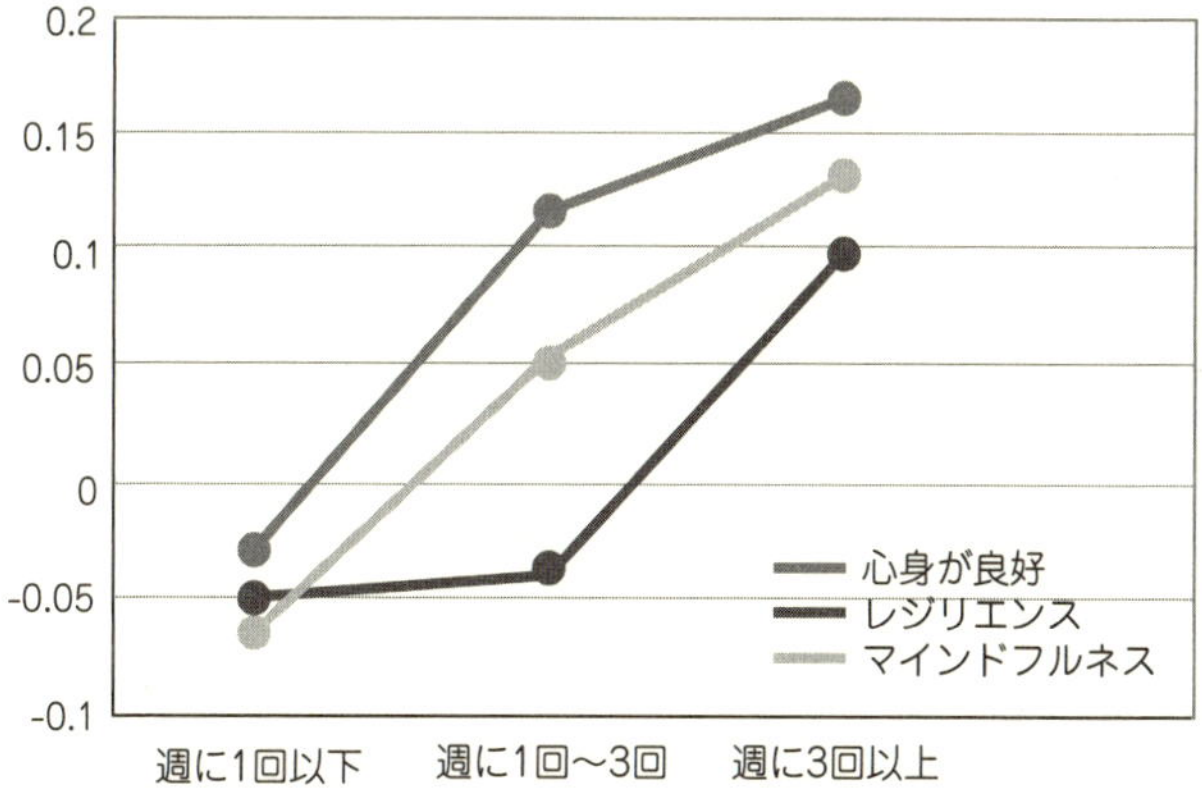

Huppert,F.A et al. (2010). A controlled trial of mindfulness training in schools; the importance of practice for an impact on well-being. J of Positive Psychology, 5, 264-274.より引用

を実践した子どもは集中力がついて、実行能力も高まるので、結果的に学業にも良い効果があるという声が少なくありません。

不安や緊張を感じる度合いが下がるというデータもあって、発表会や試験、試合に臨むときなどに役立つでしょう。

また、自分にも人にも優しくなって、人を思いやる気持ちが強くなります。幸福感のほか、自分に価値があると認めて大切にできる自尊感情が高くなるとも言われますし、マインドフルネスでレジリエンスが高まるという論文も出ていて、これらは生きていく上でとても大切な力になるはずです。

発達障害の子どもにもマインドフルネスを!

最近、発達障害と診断を受ける子どもが増えていますが、いわゆる一般的な発達をする子どもに比べて、注意欠陥・多動性障害（ADHD）の子どもは、育てる親のストレスが約2倍、自閉症スペクトラム（ASD）の子どもになると親のストレスが約

4倍にまで高まり、家族の幸福度が低くなりやすいことがわかっています。

こうした発達障害のお子さんを育てる親御さんにもマインドフルネス子育てはお勧めしたい方法です。

発達障害の子どもは親の言うことを聞けない、理解できないことが多いのですが、そうした子どもを厳しく叱りつけていては、子どもは親から自分の行動のコントロール方法を学ぶどころか、親のことを恐い人だと学習し萎縮するので、ますます親の言葉を聞かなくなってしまいます。

アメリカの精神医学者が発達障害の子どもをもつ親にマインドフルネスのトレーニングを伝え、つい子どもの悪い面ばかりに目が向いて、あれこれ思い悩んでいた子育てを見直してもらったところ、**あるがままの子どもを受け入れて子どもの話をよく聞くようになり、すると子どもも親の言うことを聞いてくれるようになった**という事例があります。

親子の関係が改善し、親は自分の子育ての満足度が上がって、幸福も感じています。

どんな事情があるにしても、まずは親が先に変わることが重要なのです。発達障害を抱えるお子さん自身も、マインドフルネスによって抱えているつらい思いが軽減されるでしょう。

ＡＤＨＤの人は実行機能に問題を抱えているために、何かをするときにどういう手順ですれば良いかわからなくなって、衝動的に目の前の刺激にすぐ反応してしまうのです。

そうしたお子さんがマインドフルネスを身に付けると、目の前にある刺激と自分の感情の間に距離を取ることができるようになって、注意をコントロールして、さらに実行機能が改善されるという報告が上がっています。

また、ＡＳＤの子どもとその母親がマインドフルネスを行うと、子どもはクオリティ・オブ・ライフ（ＱＯＬ・生活の質や人生の内容の質）や幸福感が高まったり、マインドフルでいる時間が長くなる効果があったという研究報告があります。

別の研究では、母親のストレスが軽くなって子どもへの接し方が変わり、子育ての満足を感じるようになる。一方、子どもは、攻撃しなくなった、親の言うことを守るようになった、自傷行為が減った、注意力がアップしたなどの効果があった、という結果も出ています。

トレーニングは、2章で紹介した「キャットウォーキング」や「ライオンが寝ている」「海」が良いでしょう。発達障害の人は年齢が上がるほどマインドフルネスを練習するのが難しくなるので、なるべく早くトレーニングを始めることをお勧めします。

マインドフルネスに加えたい、慈悲の瞑想

慈悲の瞑想で、マインドフルネスをやりやすく！

仏教に、「慈悲の瞑想」と呼ばれるものがあります。これは文字どおり、自分や他者を慈しむ心を育てる瞑想です。

マインドフルネスは言葉で考えることから距離を置いて、感じることに注意を向ける方法であり、一方「慈悲の瞑想」は、まずは言葉にフォーカスして行う方法なので、両者は少し異なるものです。ですが、実際には、**マインドフルネスに取り組んでいると、慈しむ心も生まれやすくなるのです。**

カバット＝ジン博士が提唱するマインドフルネスストレス低減法でも、プログラムの中に慈悲の瞑想が取り込まれています。

子育て中であれば、「慈悲の瞑想」をすることで、子どもや家族への感謝の気持ちが生まれ、自分自身も怒りやイライラから距離を置いたり、不安や抑うつが軽くなることもあります。もう一歩進んで、嫌いな人を思い浮かべながら慈悲の瞑想を行うと、嫌悪感や憎しみが薄まるとも言われています。

仏教では、人生の苦しみや悩みは「私」という意識から生まれると考えます。「私はどうして惨めなのだろう」「私は母親失格だ」と、悩みの主語はほとんどが「私」です。

「夫（妻）は私と意見が合わない」「子どもが私との約束を破った」「姑が私に意地悪をする」など、他者との関係の悩みも「私」の意識が大きいからこそ、ぶつかるのです。つまり、他者を慈しむ心を育てて、自己中心的な考えを小さくすれば、ほとんどの悩みは解消します。その方法のひとつが「慈悲の瞑想」なのです。

自分自身の幸福感が高まり、寿命も延びる?

研究によって、「慈悲の瞑想」をすると自愛の心が育まれる、自己批判的な考えが薄れる、不安や抑うつが減るだけでなく、寿命が延びる可能性も指摘されています。

具体的には、まず「慈悲の瞑想」をするとテロメラーゼという酵素が活性化することがわかっています。これはテロメアという染色体の末端部分に影響を与える酵素物質で、テロメアは人の健康寿命を決めると言われているのです。まだ「慈悲の瞑想」がテロメアに影響を与えることまでは証明されていませんが、寿命を延ばす働きがあるのでは、と予想されています。

同じく「慈悲の瞑想」をすると「幸せホルモン」「愛情ホルモン」などと呼ばれる**オキシトシンの分泌がうながされて、ストレスが軽減されたり、幸福感が高まる**のですから、近しい人のこと、他人のこと、さらには嫌いな人のことまでも慈しむ瞑想に取り組むことで、自分自身に良いことがあるわけです。
ですから、お母さんお父さんは、まずは子どもが幸せになりますようにと、瞑想をしてみてください
小さな子どもは、ごく近い周りの人にしか慈愛の心はもてません。けれども、トレーニングをしてマインドフルになっていくと、時間はかかるかもしれませんが、少しずつ慈愛や慈悲の心が育まれて、慈愛の対象も広くなっていきます。
マインドフルネスと「慈悲の瞑想」は、お互いに高め合う効果があるのです。

慈悲の瞑想のやり方

では、「慈悲の瞑想」のやり方を紹介しましょう。
①まずは自分自身に対して、慈悲の心を作りましょう。日本人は自己肯定感が低いので、**最初は自分の良いところ、自分がこれまでにして良かったことを思い出してみ**

ることが大切です。そして、慈しみをもった自分自身から、ふだん悩んでいたり苦しんでいる自分自身に向かって、慈しみのフレーズを念じてください。

・私が安全でありますように
・私が幸せでありますように
・私が健康でありますように
・私が安らかに暮らせますように

湧き起こってくる感覚、感情、思考に気づくようにします。そして、フレーズを繰り返します。これらのフレーズは自分で考えても良いですし、日によって変えてもかまいません。自分にとって意味のあるものを繰り返すことが大切です。

②次に、自分が感謝したり、尊敬している人へのフレーズを念じていきます。子育て中の人は、子どもや夫（妻）に対して念ずると良いでしょう。子どもや夫（妻）が自分にしてくれたことや、良いところを思い出してみてください。そして、次の慈し

みのフレーズを、ゆっくりとていねいに繰り返します。

・あなたが安全でありますように
・あなたが幸せでありますように
・あなたが健康でありますように
・あなたが安らかに暮らせますように

湧き起こってくる感覚や感情、思考に気づくようにします。そしてまた、フレーズを繰り返します。

これを毎日10分以上続けているうちに、子どもへのイライラや不安が小さくなっていくことに気がつくでしょう。または、夫や妻が自分に向けている愛情に気がつくことができるかもしれません。このような気づきが得られれば、それは自然に慈悲の心につながっていくでしょう。

③このような慈悲の瞑想になれてきたら、最後は高いハードルですが、嫌いな人への瞑想を行ってみましょう。

嫌いな人への憎しみや怒りは、自分で変えることができません。また、そのような相手の心や行動を変えようと思っても、簡単にできるものではありません。

しかし、**自分が慈悲の心で相手を包み込んでしまうことならできます。誤解のないようにしてもらいたいのは、それは無理やり相手やその言動を許すことではありません。**

許すことと、相手の幸福を祈ることは違うことを明確にしておきましょう。相手を許すことはできなくても、相手の幸福を祈ることはできるからです。

自分の嫌いな人を一人思い出してください。そして、その相手に対して、次のフレーズをゆっくりとていねいに繰り返してみましょう。

・あなたが安全でありますように
・あなたが幸せでありますように

・あなたが健康でありますように
・あなたが安らかに暮らせますように

最初はなかなか難しいかもしれません。嫌いな人を思い出すだけで怒りが湧いてきたり、憎しみなどのイヤな気持ちが心を占領してしまうこともあるでしょう。けれども、それはそれとして、無理にそのような気持ちを抑えたり、感じないようにするのではなく、自分はそのように感じるのだ、ということに気づいて、そのままにしておき、フレーズだけを繰り返してみます。

これを毎日繰り返していくことで、だんだんイヤな気持ちは小さくなっていって、慈悲の心の割合が大きくなっていくことに気づくでしょう。

「慈悲の瞑想」は、初めのうちは考えることにフォーカスを当てて唱えていきますが、続けているうちに考えること自体が減っていき、結果的にマインドフルネスの状態、つまり感じる心の働きだけが残っていくことになるのです。

4章

マインドフル・タッチングで触れ合おう

マインドフルに触れると、こんなに変わる！

子どもに触れると、絆が強まる

あなたはお子さんとスキンシップをしていますか？　抱っこをしたり、手をつないだり、頭をなでたり、ハグしたり、触れ合うこと＝「タッチング」が子どもに良いということは、多くのお母さん、お父さんが実感としてご存知だと思います。ただ、なぜ良いのか、実際にどういった効果があるのかといったことについては、あまり知られていないかもしれません。

「手当て」という言葉があるとおり、**人は優しく手を置かれたり、なでられたりする**

と、痛みがやわらいだり、気持ちが落ち着くものです。

例えば我が家では、子どもが風邪や腹痛などでつらそうにしていると き、几帳面な妻はすぐに病院に連れて行こうと思うタイプなのですが、私はまず子どもの背中をゆっくりなでるのです。そうすると、子どもは痛みや苦痛が少なくなって安心して眠ることができます。しばらくして起きてくると、かなり体調が良くなっていることが何度かありました。

これは、タッチングされることによって脳内からオキシトシンというホルモンが分泌されるのですが、そ

【タッチングとオキシトシンの作用の好循環】

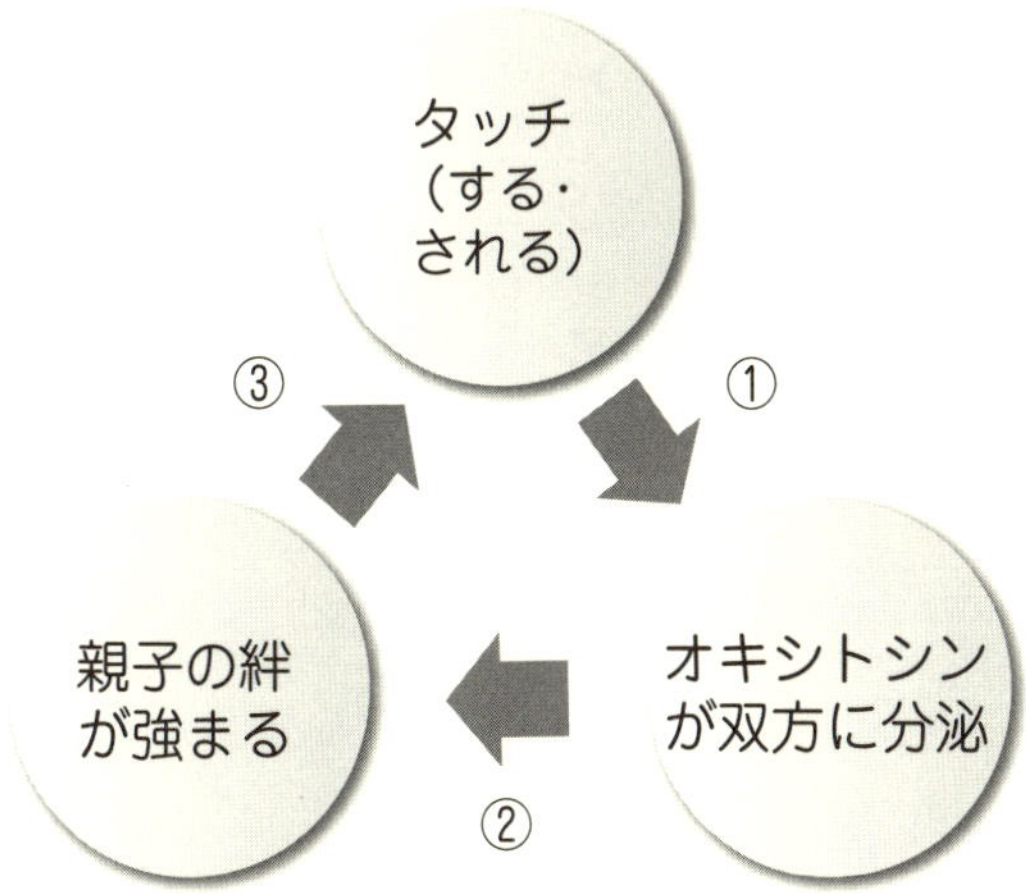

の効果であると考えています。このオキシトシンが身体と心に作用して、リラックスする、ストレスに強くなる、痛みが治まる、傷の治りが早くなる、成長を促すなどといった素晴らしい効果が、さまざまな研究によって認められているのです。それだけではなく、愛情が深まり親子の絆が強まります。

そして、オキシトシンはタッチングされる子どもだけでなく、タッチングしている親の脳にも分泌されます。よくお母さんが子どもに優しい気持ちを抱くのは当たり前と言われますが、そのような気持ちは、子どもに触れるからこその面もあるのです。ですから、赤ちゃんに昼夜なく振り回されてつらい日々を過ごしているときに、ベビーマッサージは、子どものためにもなりますが、実は母親の心のケアにぴったりなのです。お父さんも、生まれてきた我が子にたくさん触れることで、「男性脳」から「父親脳」にスイッチが切り替わります。

オキシトシンのほかにもうひとつ、タッチングによって愛情を深めたり、リラックスしたりストレスを癒す働きをするのが、「C触覚線維」という触覚センサーです。

これは人間だけでなく、ほ乳類、なんと魚類までがもっているセンサーで、人間の場合はとくに顔と腕に多く存在するのですが、触れ方によって感情や気分が変わります。タッチングの心地よさを感じる「カギ」なのです。

ただし、子どもにきちんと意識を向けて触れているのと、「用事をしなくちゃいけないのに」と思いながら抱っこしたり、スマホやテレビに目を向けながらトントンと寝かしつけるような触れ方とでは、タッチングの効果に大きな違いが出ます。最近では、短い時間でもかまわないので相手への気持ちを込めて触れること、つまりタッチングは時間よりも質が大切だと言われています。

マインドフルネスとタッチングの違い

さて、ここでなぜタッチングについて話を始めたかというと、私は長年タッチングについて研究を重ねてきたうえで、現在こうしてマインドフルネスの研究にも取り組んで、**このふたつは子育てにおいて互いにないものを補い合える、とても相性が良い関係だと感じているからです。**

タッチングの効果はリラックスしたり、ストレスを癒したり、お互いの絆を深めるというものです。一方、マインドフルネスの効果は自分の感情に気づいて、その感情と距離を置くというもの。リラックスする、ストレスが軽減する、子育てに幸せを感じるというのは、あくまで結果です。両者を合わせれば異なる効果を感じられて、より明らかな結果を得られるのではないでしょうか。

そして、マインドフルネスは心のクセを直すもので、効果を実感できるまで時間がかかりますが、一度身に付けて直してしまえばもとに戻ることはありません。

それに比べてタッチングは、子どもに触れたときに親子ともオキシトシンが分泌されて、その場で温かい気持ちを味わったり、つらい思いが和らいで、すぐに効果を感じられます。ただし効果は持続しないので、できるだけ日常的にタッチングを心がける必要があります。

ですから、子育てに両者を組み合わせて実践すれば、初めのうちはタッチングの効果を実感できて続ける意欲も湧いてきますし、続けていればマインドフルネスの効果

も現れます。子どもに優しい気持ちを抱いて親子の絆を感じながら、自分自身の考え方、感じ方に変化が生じて、穏やかな心で子育てできていることに気づくはずです。

また、子どもの心の状態にも気づきやすくなって、良いタイミングでタッチングをして癒してあげることもできます。


これまで述べてきたとおり、マインドフルネスは親が身に付ければ考え事や感情に振り回されず、結果として子育てに幸せを感じて、良い親子関係を築くことができます。子どもがトレーニングすれば心が安定するほか、集中力がついて、物事を客観的に見られるようになり、目標を達成するためにどうしたら良いかという見通しをもって考える、実行機能の能力が高くなると言われています。

ただし、マインドフルネスは基本的に一人で行うもので、子どもにとって人間関係をうまく築くような社会性が育まれるトレーニングとはなりにくい面もあります。そこで、**親子でマインドフルネスをトレーニングしながらタッチングを取り入れると、触れることがもたらす効果で社会性も身に付けて、今後の人間関係に生かすことができるようになるでしょう。**

ふたつを組み合わせた実験を見ると

マインドフルネスのトレーニングには、触覚を取り入れたものがあまり見当たりませんが、タッチングとの相性が良いということはアメリカの心理学者のチームによる実験で証明されています。

マインドフルネスのトレーニングを8週間続けたグループと、何もしていないグループに分けて、それぞれの人の手と脚に触覚の刺激を与えたときの脳の活動を測定しました。すると、マインドフルネスのトレーニングに取り組んだ人たちのほうがアルファ波が強く出ました。つまり、皮膚に刺激を受けたときに十分注意を向けられるようになっていることがわかったのです。

子どもが対象ではありませんが、マインドフルネスとタッチングを組み合わせた研究も行われています。

スウェーデンの心理学者のチームは、抑うつの症状がある28人の患者の治療にマインドフルネスのトレーニングと合わせて、セラピストが手を触れてそのまま動かさない「手当て」を加えています。

その結果、「手当て」のあるなしにかかわらず、マインドフルネスを行った人は行わなかった人に比べて、気分が落ち込む、やる気が起きないといった抑うつ症状のほとんどが低減していました。**さらに「手当て」を加えると、マインドフル・タッチング睡眠障害や身体の症状まで改善するという結果が出ています。マインドフル・タッチングははまさしく心身両面に効果があるということです。**

また、アメリカの心理学者は、同時多発テロ事件で心に傷を負った心的外傷後ストレス障害（ＰＴＳＤ）の男性患者にマインドフルネスのトレーニングを行ったとき、夫婦でのタッチングを組み合わせる方法を取っています。

確かにマインドフルネスはその人自身のＰＴＳＤを治すには有効です。しかしそれだけではなく夫婦でお互いに支え合ったり、思いやりをもつ関係を取り戻してほしいと、その患者が妻にマッサージをすることにしたのです。

タッチングは「されるほう」より「するほう」に多量のオキシトシンが分泌されるのです。論文には、結果的に良い効果があったと書かれています。

どんなふうに触れるといいの？

心地のよいタッチングの仕方

次に、基本となるタッチングの仕方をご紹介します。子どもがお腹が痛いとグズっているとき、イヤなことがあったと落ち込んでいるとき、そっと子どもの心に寄り添うような、心地よく感じられる触れ方を目指しましょう！

コツは次の5つです。

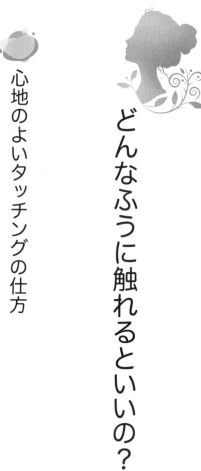

①手のひら全体を使って触れる

なるべく手のひら全体を使って触れましょう。触れられた人は心地よく、安心できて、なおかつ自分が信頼されていると感じます。もし指先だけで触れられたと想像すると、緊張感が増して不安になるでしょう。さするときも、手のひら全体を密着させて、大切に思っていますよという気持ちを伝えましょう。

② 触れる速度はゆっくり、1秒間に5センチを目安に

C触覚線維がもっとも興奮して、心地よさを感じるのが1秒間に5センチの速さで触れるとき。速さを意識すると触れにくいかもしれませんが、私たちが無意識に相手を思ってなでるとき、この数字に近い速さで触れていることが多いのです。相手を思ってゆっくりと、を心がければ大丈夫。

私の実験で、触れる速さを変えて、触れられた人の気分の変化と自律神経の活動を測定したところ、**1秒間に1センチとゆっくりしたり、逆に20センチと速く触れると**

交感神経が優位になるのですが、１秒間に5センチの速さで触れると副交感神経が優位になってリラックスし、心地よく感じたという結果が出ています。

③　少し圧をかけて触れる

表面を軽くさするだけの場合と、しっかり圧をかけて触れる場合とでは、圧をかけたほうがリラックス効果が高くなります。アメリカの研究では、圧をかけてなでた場合だけストレスが軽減され、心拍がゆっくりとなるうえに、脳波にもリラックスを表す変化があったと報告されています。

また、別の研究では赤ちゃんに圧をかけて触れると迷走神経（脳から内臓などに出る重要な神経のひとつ）が刺激され、胃腸の運動が高まって成長が促されることもわかっています。迷走神経の活動が高いと、不安や怒りといった負の感情をコントロールできて、ポジティブな気分でいることが多くなるので、大人にも有効です。

④　触れるとき、離すときは手を斜めに

相手に手を触れるときも離すときも、パッと垂直に当てて動かすとインパクトが大

きくて相手が心地よく感じられません。触れるときは手を斜めに少しずつ当てるようにして、さりげなく。触れ合ってせっかく心が満たされたのに、離すときに相手が突き放された、見放されたと感じてしまっては、元も子もありません。名残惜しいような感じで、手首のほうから少しずつ離していきましょう。

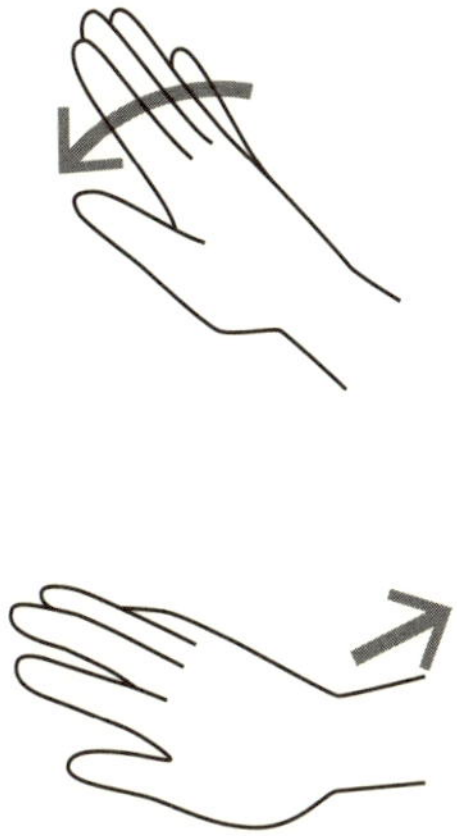

⑤ 温かい手で触れる

触れる手の温度も大切です。冷たい手ではC触覚線維の興奮が小さくなってしまい、さらには交感神経が活性化して緊張してしまいます。とくに寒い季節は気をつけて、人肌ぐらいの温かさがベストです。温かい手であれば自分自身の心も温かくなって、人に優しくなれるでしょう。

これらのコツをつかんだタッチングは、我が子はもちろん、夫婦や恋人同士、親や仲の良い兄弟姉妹、親しい友人同士のほか、医療や介護、幼い子どもの教育の場であれば、相手が心地よく感じ、素晴らしい効果を得られるでしょう。

ただし、それ以外の職場やご近所といった間柄であったり、しかもそれが男女間であれば、相手が不快に感じることも多々あるので気をつけてください。

子どもにタッチングするときは

ただし「我が子ならなんでもＯＫ」とむやみに触れるのはよくありません。中には接触をあまり好まず、イヤがる子もいます。とくに思春期真っ盛りであれば触れることはもちろん、会話さえ避ける子も多いでしょう。

タッチングでもっとも重要なのは、相手が心地よく感じる触れ方をすることです。

スキンシップの好みは人それぞれ。我が家でも娘二人の違いを感じています。

長女はあまりベタベタされることを好まず、幼いころからあっさりとしたスキンシップを好み、くすぐり遊びのような刺激的な遊びが好きでした。反対に、次女は抱っこしているときもピッタリ身体をくっつけてきて、小学校に上がったいまも、よく身体を寄せてきます。

もしも、親がスキンシップを大事と考えるあまりに、無理やり子どもに触れようとして、子どもを拘束したり、愛情を強制するような形になれば、親子関係にも子どもの未来にもかえってマイナスの影響を及ぼすので注意が必要です。

だからといって触れることをあきらめてしまっては、子どもと心が通わず、子どもの気持ちがわかりづらくなる恐れもあります。たまに赤ちゃんを乗せたベビーカーを、段差にかまわずガンとぶつけて乗り上げたり勢いよく下りる人や、泣き止まない子どものおしりをバンバン叩いている人を見かけます。そういう人は、日ごろから抱っこやおんぶもせず、あまり子どもに触れていないのかもしれません。

いまはテレビやゲーム、スマホを見せておけば夢中になるので、昔に比べてスキンシップの時間がかなり減っているでしょう。あまりスキンシップしていないと、親は子どもが自分と同じ心をもった存在なのだという感覚が薄らいでしまい、極端になると、まるで物のように扱ってしまうことがあるのです。そしてそれは触れ方に表れるのです。

そしてもうひとつ、**人は幼少期に皮膚に優しくて心地よい刺激をしっかり受けると、適切な「境界の感覚」を育んで成長することができます。**「境界の感覚」とは自分と他者の間に一線を画す感覚で、適切な感覚をもっている人なら、相手が初対面か親しい人かによって境界線を調整しながら、自分自身を守ったり、他者の境界を尊重します。ところが、スキンシップが満たされなかったり、逆に過保護な親と一体化するようにして育つと、境界線が強固になり過ぎて引きこもったり、境界があいまいなままで「自分」をもてず、相手のことばかり優先して苦しくなってしまうことがあるのです。

できるだけ早い時期から、その子が喜ぶ方法でたくさんスキンシップするように心がけましょう。成長するにしたがって、触れ方の好みも変わりますから方法も変えていきます。**もしも「これまであまり触れずに育ててしまった」というご家庭でも大丈夫です。**遅ければ遅いほど時間はかかってしまいますが、回復は可能ですから、いまから日常のやり取りの中で適切なタッチングをしてください。

HOW TO マインドフル・タッチング

親にとってマインドフル・タッチングの要は、触れるときに子どものことをきちんと見ながら、心を向けるということです。

心の向け方としてはふたつあって、ひとつはタッチングをしている自分の感覚や気持ちに向けるもの。もうひとつはタッチングされている子どもの表情や動作に向けるものです。そのときに自分のやりやすい方法でかまいません。ただ、子どもは動き回るので、そんなときはほんの少し触れて、触れることに意識を向けるぐらいで十分です。

生まれたばかりの子どもは、ほかの感覚に比べて触覚がもっとも鋭い状態で、幼児期や小学校低学年になっても、まだまだ触覚の刺激が大好きです。ですから、**遊びの中にマインドフル・タッチングを取り入れても、楽しくて夢中になるでしょう。**

例えば、親が子どもの背中に指を当てて「これ、何本?」と尋ねたり、背中に数字を書いて当てるゲームはいかがですか?

ほかにもくすぐり遊び、指相撲、粘土遊び、土いじり、フィンガーペインティングなど、子どもが物に触れたり、親子で触れ合う遊びを通して、触れ合うことを意識するようになるといいですね。

小さい子どもにとっては、楽しく遊んでいるうちにマインドフルな状態になっているのが一番です。**そして、こうしてふんだんに遊んでいれば、勉強やスポーツなどにもマインドフルに取り組むベースができていきます。**

小学校高学年あたり、あるいは思春期からはタッチングが難しくなる年ごろで、そろそろベッタリ、ギューッというスタイルは卒業です。ふだんのコミュニケーションでポンと肩を叩くような、触れることを意識しない触れ方を心がけましょう。

私は「キッズ&ジュニアスポーツコンディショニング協会」という団体の顧問を務めています。スポーツをしている子どもに、親が、我が子のコンディショナーになって応援しようという団体です。

その内容は、練習や試合から帰ってきた子どもに、親がコンディショニングのマッサージしてもらいます。すると親からは、「筋肉の回復が早いだけでなく、なかなか触れられなかった子どもに触れるきっかけになった」「触れていると以前のようによく話してくれるようになった」「親子関係がすごく改善した」などという感想がたくさん挙がってきたのです。

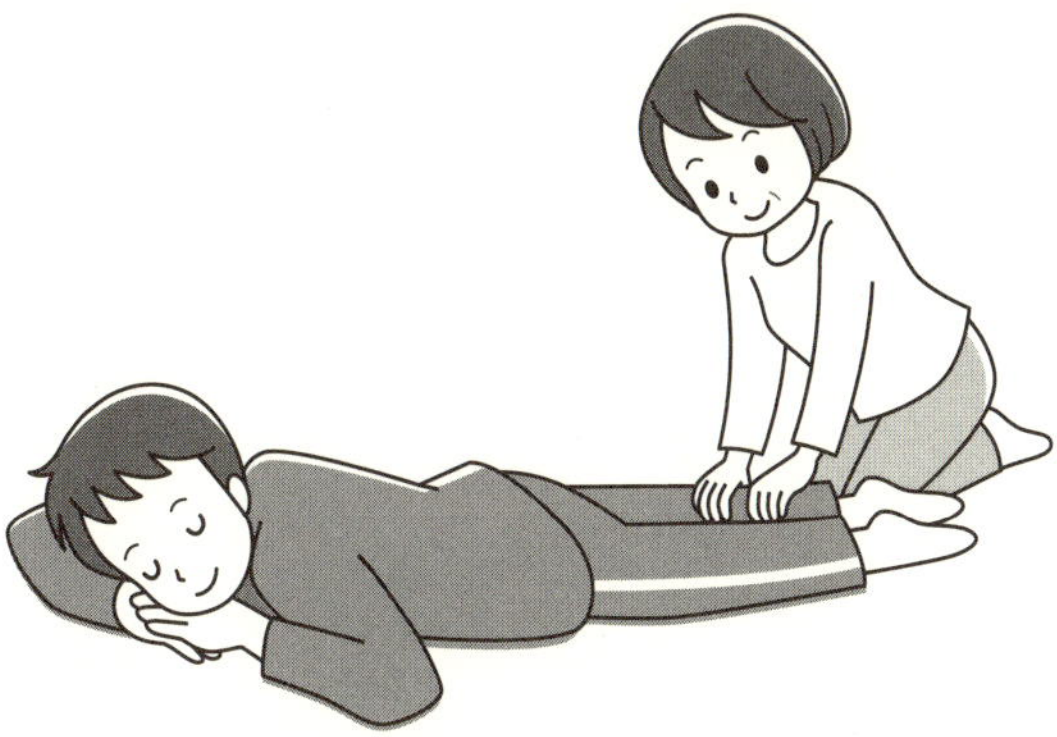

スポーツをしていないお子さんでも、疲れてソファに寝転がっているときにちょっと足の裏や背中をマッサージしてあげたり、受験勉強の合間に肩をもんであげるのもお勧めです。愛情の押しつけではなく、ちょっと癒してあげるという感覚であれば、子どもはあまり嫌がらないのではないでしょうか。

愛情の一方的な押しつけではなく、子どもが必要としているときを見きわめて、そのときに触れてあげるようにするのです。

また、親自身もたまには子どもにタッチングしてもらったり、セルフマッサージで疲れを癒しましょう。

セルフマッサージは、C触覚線維の多い顔や前腕に手のひらを密着させて、ゆっくりと滑らせるように行います。クリームやオイルを付けて、上から下に向けてなでていくと、気持ちが落ち着いて心が整っていきます。ほかの人にタッチングされるときほどの幸福感はありませんが、触れている手の感触に意識を向ければ、マインドフルネスのトレーニングにもなります。

5章

応用編・シチュエーション別 心を静めるマインドフルネス

あんなとき、こんなとき、どうすればいい？

4パターン別対応法

最後となるこの章では、イライラ気分がおさまらない、子どもが落ち込んだ様子で帰ってきた、などといったさまざまなシチュエーションで、どのようにしてマインドフルネスを実践すれば良いかについてお伝えします。

取り上げるシチュエーションは親と子どもに分けて、それぞれいくつかピックアップしてみました。どれもみなさんが「ああ、これこれ」と思うような例となっています。ただ、実際に直面する状況は人によって、また、そのときによってさまざまです。

ですから、**まずはそうした実際の状況を4つのパターンに分け、4つそれぞれにお勧めのマインドフルネス実践方法を示します。**それから、具体的なシチュエーションとその対応法について説明します。

さまざまな状況を4つのパターンに分けるとその対処法は、次ページの図のようになります。

ひとつの基準である横軸は、自分や子どもが**〈静かな気持ち〉でいるのか、それとも〈激しい感情〉を抱いているのか、**どちらなのかを判断します。

例えばモヤモヤして「いったい、どうしたら良いだろう」とため息をつきながらつぶやくように言ったなら、〈静かな気持ち〉に分類します。イライラして頭に来て怒鳴りつけたいほどだったとしたら〈激しい感情〉です。

もうひとつの基準である縦軸は、その気持ちや感情、行動をどこに向けているかです。**自分の内面に向けているのか、親や子ども、友だち、あるいは物などの外側に向けているのかによって判断します。**例えば、心配症でいつも子どものことが気になる人でも、自分の心の中であれこれ想像して不安になって疲れてしまうだけなら、〈内

【4つのパターンと対処方法】

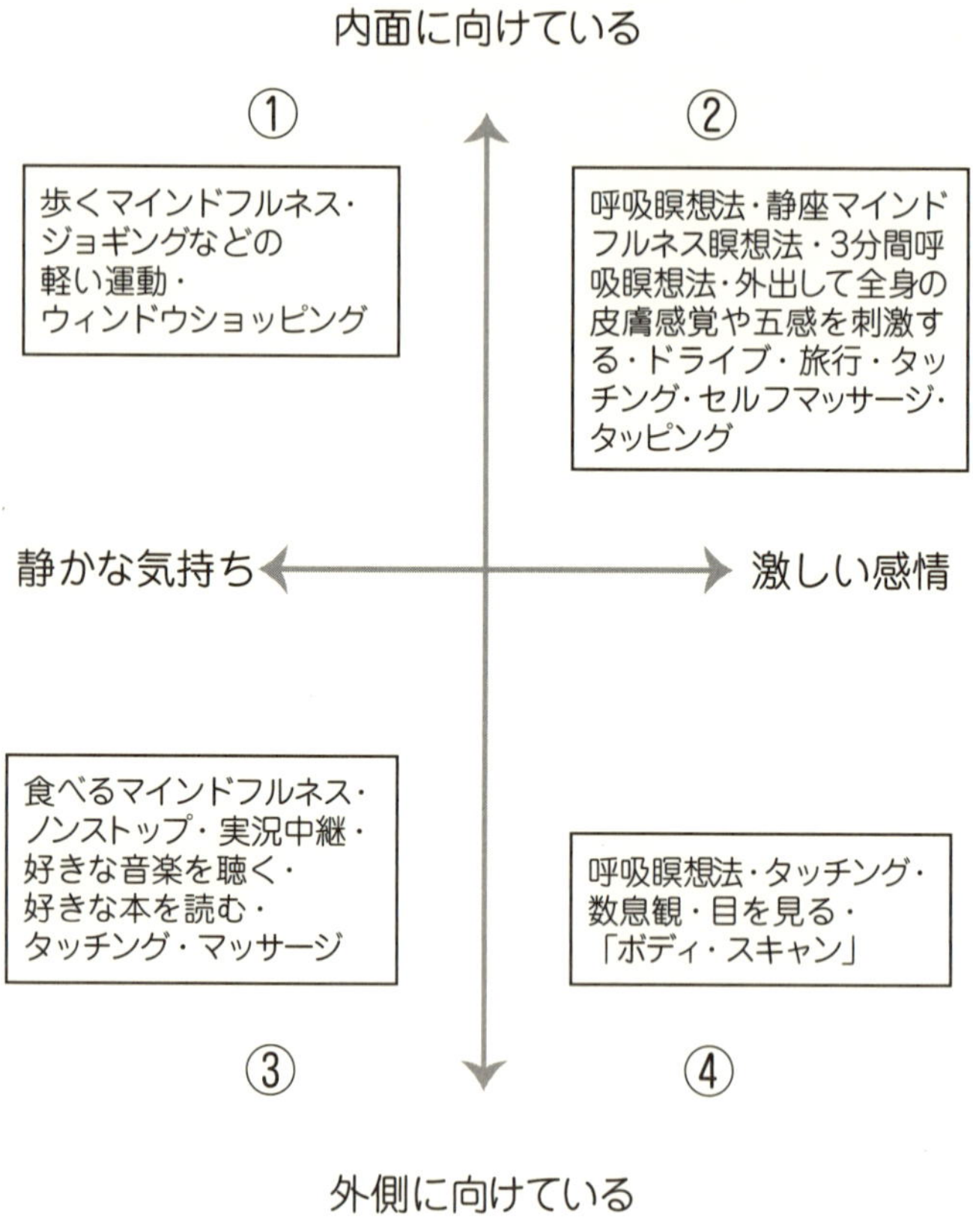

面に向けている〉です。心配のあまり「こうしちゃダメよ」「〇〇〇しなさい」と子どもにうるさく言うなら、〈外側に向けている〉となります。

そして、実際に親であるあなたやお子さんが直面している状況を、この2つの基準に照らし合わせて、①〜④の枠に当てはめます。その枠には、お勧めの対応法が書かれていますので、その中で「これならできる」「これが良さそう」と感じたものを実践してみてください。

それぞれの枠に入れたお勧めの方法は、**〈静かな気持ち〉の場合は外に注意を向けるものを、〈激しい感情〉の場合は内に注意を向けるもの**を考えました。

さらに気持ちや感情、行動を**〈内面に向けている〉場合は、意識をもっと外側に拡散させて気づくようなものを、逆に〈外側に向けている〉場合は、自分自身やその周りに集中するようなもの**を考え、4つに分けてあります。

これだけでは、自分や子どもの状況をどの枠に当てはめればよいかわかりづらいかもしれませんが、この後に取り上げる具体的なシチュエーションと対応法を参考にすると、もっとわかりやすいでしょう。

また、マインドフルネスが日常生活の中で実践できることはすでに述べてきたとおりです。例えば歯をみがきながらでも、ケーキを焼きながらでも、自分のしていることに意識を向け、感じていることに気づいて、子どもと一緒にいるときなら子どもの様子を観察すれば、それがマインドフルな状態なのです。

シチュエーション別対応法の中にも旅行や音楽鑑賞といった日常のワンシーンが登場しますが、それもマインドフルになるためのひとつの手段です。ふだんの暮らしをマインドフルに生きていくことが、マインドフルネスにつながっていくのです。臆せず気軽に、どんどん実践してください。

親に向けたシチュエーション別対応法

まずは、親のさまざまな悩みに答え、具体的な対応法をお伝えしていきます。

イライラが止まらないなら、食べましょう!?

お悩みその1…赤ちゃんや小さな子どもを抱えて、物事が自分の思うようにいかずにいつもイライラ。かわいい我が子のはずなのに顔を見るとため息をついて、「この子がいなければ、もっと自由に過ごせるのに」と思ってしまいます。

これはお子さんに向けて「このイライラをどうしてくれるの?」とつぶやいているような印象ですから、③の枠に入ります。**あまり激しくないイライラ状態を静めるためなら、「食べるマインドフルネス」(60ページ)をお勧めします。**

このとき食べるのは、レーズンではなく自分の好きな甘いお菓子にします。甘くて美味しいものをじっくりと味わえば、心の中からイライラした気持ちがすーっと抜けていくはずです。食べているとき、食べ終わったあとの幸福感にも集中してください。とくに多くの女性にとって甘い物の威力は抜群です。

もちろん、瞑想だからと習慣のように食べていては、体重計に乗ったときにビックりしてしまいます。それが気になる人は、**ノンストップ実況中継で水の代わりに甘みのあるコーヒーや紅茶を飲むのもいいでしょう。**

ノンストップ実況中継とは、コップに甘い飲み物（基本のやり方では水です）を入れてから、水を飲み終わるまでの動作をひとつひとつ実況中継する方法です。「コップに手を伸ばす」「指を広げる」「コップに触れる」「飲む」などと、声に出さずに頭の中で言葉にします。ポイントは、いまこの瞬間、自分の身体がしている行為だけを客観的に実況中継すること。「これから水を飲みます」とか「このお菓子はいくらだったのかな」など考えてはいけません。

お茶菓子瞑想だけでなく、日常の食事もマインドフルにゆっくり味わって食べるようにしましょう。するとダイエットになって、もっとハッピーな気分になれるでしょう。

もしもイライラの度合いが激しくなって、子どもにキツい言葉を投げかけたり、夫に当たり散らすようだったら、④の枠です。

完璧主義なら、身体を動かそう

お悩みその2…子どものころから、なんでも完璧にしないと落ち着きません。母親になったいまもすべての家事を手抜きなく、掃除もゴミひとつないほどまでキレイにしないと気が済まない。子どもが部屋や服を汚しそうになるだけで気が気でなく、心身ともに疲れています。

こちらは自分の中で完璧にしたい、しないと気になると静かに感じているので、①の枠に入ります。したがって、**「歩くマインドフルネス」（61ページ）がお勧めです。**こういう方の心には、主に「完璧にやらないといけない」という不安感があると思いますが、身体を動かすのは、不安を打ち消すのにぴったりです。歩くだけでなく、軽くジョギングしながらマインドフルを心がけるのもいいですね。

子どもに手を上げてしまいそうになったら

お悩みその3……下の子が生まれて、上の子はますます言うことを聞かなくなりました。声を荒げて注意しているのですが、この間、ついおしりを叩いてしまい、自分でもビックリしています。

怒鳴ったり、手を上げるのは激しい感情の現れで、それが子どもに向かっているわけですから④の枠です。カッとしたときは**「呼吸瞑想法」（58ページ）で、呼吸だけに意識を向けて「1、2、3、4、5」と数え、とにかく〈激しい感情〉をおさめましょう。**

これは数息観といって、数えることで呼吸に集中する呼吸瞑想のひとつです。自分の

感情や子どもの様子を観察するのは、呼吸が落ち着いてから。そして、冷静になって、子どもに話し始めてください。もし、5つ数えても落ち着かなければ、さらに5つ数えてみてください。

④の場合は**「ボディ・スキャン」（62ページ）も有効です。**まずは感情に巻き込まれず、身体の感覚に注意を向けながら、感情から一歩離れて自分の心に気づいていきます。少し怒りが落ち着いたときに、試してみてください。

子どもは、親の思いどおりにならないのがふつうです。たとえ軽くだとしても、一度手を上げてしまうとだんだんエスカレートしかねませんし、子どもは恐い気持ちを記憶するだけです。怒られるから隠れてやる、となったりして、大事なことは何ひとつ伝わらないことを覚えておきましょう。

心配症なら、自分の感情に気づくことから

お悩みその4…子どもが学校に行ったり、友だちと外出すると心配で仕方がありません。小さいころはずっと一緒にいたのに、いまは目の届かないところにいることも

多くて、一人で大丈夫か、事故や事件に巻き込まれていないか、心配がつのるばかりでおかしくなりそうです。

こうした心配は静かな気持ちではなく、けっこう激しい感情です。自分があれこれ気になっている段階は②の枠ですが、子どもがいくつになっても心配は尽きないので、成長とともに束縛がきつくなりがちで、④に移ることもあり得ます。早いうちに、**まずは「呼吸瞑想法」（58ページ）か「静座マインドフルネス瞑想法」（63ページ）で、自分の感情に気づくことから始めましょう。**そして、日常でできるだけ、自分がいま行っている目の前のことに集中するようにしてマインドフルネスを身に付ければ、心配が減ってきて気持ちがずっとラクになります。

つらいときは、146ページで紹介した、セルフマッサージのフェイスマッサージがお勧めです。両手それぞれで左右の頬に触れてみて、表情筋がこわばっているのに気づきますか？

少し圧をかけて触れた感触に注意を向けながら、上から下へとなでていると気分が落ち着きます。不安になると肩や鎖骨の下辺りも凝るので、手で触れて感じながら、ゆっくり圧をかけながらなでたり押したりしましょう。すると、身体の緊張が解けて心も緩んでいきます。

煮詰まったら、お出かけマインドフルネス

お悩みその5…まだヨチヨチ歩きの子どもと一日中、一緒にいます。なんだか社会から取り残されているようで気分がふさいで、何もかも煮詰まっている感じがします。

煮詰まっているというのは自分の中で抱く静かな気持ちですから、①の枠です。**外に出かけて公園をマインドフルに歩いて、**そよぐ風を頬で感じたり、鳥のさえずりに耳を傾けたり、咲いている小さな花を見つけたりして、**リフレッシュしている自分に気づきましょう。**たまには、子どもをベビーカーに乗せて自分が公園で感じることに注意を向けたり、歩くことだけに集中する時間をもてば、ずいぶんと気持ちが変わると思います。出かける先は公園でなくても、中心街に出かけて好きなお店をウィンドー・ショッピングして歩くのもいいですね。

沸騰型は、3分間呼吸瞑想法で緊急避難を

お悩みその6…もともと短気というか、何かイヤなことがあるとすぐ頭にカーッときて怒りが沸騰してしまいます。子育てでも仕事でも、それは同じ。でも、子どもや職場の人にぶつけるわけではなく、自分の頭の中だけで怒りがグルグル渦を巻くんです。落ち着くと、こんな自分がすごくイヤで今度はどんより落ち込みます。

こういうタイプの人は激情型で内にこもる②の枠です。ふだんからできるだけ毎日、「呼吸瞑想法」のトレーニングをするのはもちろん、**怒りが沸騰する直前に緊急対応として行うのにお勧めなのが、「3分間呼吸瞑想法」です。**方法は次のとおりです。

① 初めの1分

ストレスやプレッシャーが高まってきたと感じたら、すぐその場所から離れます。そして、自分のいまの状態をチェックしていきます。具体的には「いま、頭に浮か

んでいる考え」「いまの気分」「身体の感覚」の3点に、それぞれ注意を向けていきます。感じるだけで、何かを変えようとする必要はありません。これを1分ほど続けます。

② 次の1分

意識をお腹に向けて、自分の呼吸を観察します。怒っているときはその内容が頭の中をぐるぐる駆け巡っていますが、できるだけお腹に意識を向けてください。息を吸うとお腹が膨らんで、息を吐くとお腹が凹むのを、1回ずつきちんと感じていきます。

注意がそれたら、「ほかのことを考えてしまっていた」とだけ意識して、何

度も意識を自分のお腹に戻します。
これを1分ほど続けます。

③　最後の1分

意識を向ける対象をお腹から身体全体に広げていきます。自分の表情、両手足の感覚などをぼんやりとでも意識していくようにします。

全身の感覚へ一気に意識を広げるのは難しいので、足の裏↓脚↓手↓手のひらといったように、身体の一部分の感覚へ順番に注意を向けていきましょう。62ページの「ボディ・スキャン」のような感じです。これを1分ほど続けます。

3分はけっこう長いですが、これが終わるころには怒りもおさまって強いストレスをやり過ごせるでしょう。ほかに、ストレスを感じたときは、マインドフル・タッチングで紹介した**セルフマッサージの前腕マッサージ**も頭の中が沸騰するのを防いでくれます。触覚の力で意識を身体のほうに向かせるのです。

タッピングという方法で、身体の左右交互に軽い刺激を与えるのもいいですね。

タッピングは、顔や脚などの身体の各所を、指2本で軽く交互に叩くやり方です。1秒に1回叩くくらいのゆっくりしたテンポが良いでしょう。

リズミカルに左右交互にというのがポイントで、脳の左右に交互に刺激が伝わると、セロトニンが出やすいと言われています。セロトニンは神経伝達物質のひとつで、イライラの解消に役立ちます。

子ども向けのシチュエーション別対応法

ここからは子どもが落ち込んだり、ツラくて大泣きしているといった場合に、どうしたらよいか対応法をお伝えします。

ケンカして落ち込んでいるとき

お悩みその1…学校で友だちとケンカ別れをして帰ってきて、ずいぶん沈んだ顔をしています。仲の良い友だちだから、落ち込んでいるみたい。

落ち込んでいるというのは、内側を向いた静かな気持ちなので①の枠に入ります。**「歩くマインドフルネス」がいいですね。**小学生なら一緒に外に出かけて、目に入ってくる景色や、耳に入ってくる音に集中しながら歩くように、誘導してあげてください。中学生なら、「こうしてごらん」とやり方を教えて、送り出してあげましょう。意識を外に向けると、落ち込んだ状態から回復しやすいです。

ダメと言ったら、かんしゃくを起こした！

お悩みその2…息子は「かんしゃくもち」で、欲しいものを買ってあげなかったり、

何かやろうとしたことをダメと言うと、ところかまわず寝転がって泣きわめいたり、ひどいときには私に物を投げつけたり、叩いたりするので困っています。

激しい感情を発散させているときは④の枠です。内面を向いていても、外側を向いていても、激しい感情が伝わってくるときは、**まず「呼吸瞑想法」で呼吸に注意を向けるようにもっていきながら、感情と距離を取れるようにします。**

少し落ち着いたら、抱きしめてあげたり、背中や手に触れてあげて、触れたときの感覚を尋ねて子どもが親のほうに意識を向けるようにします。ただ、小さな子ではかんしゃくを起こしているときに、呼吸を意識するのは難しいかもしれません。そういう場合は、すぐに抱きしめたり背中に触れてあげてください。

気持ちが落ち着いたタイミングで、できるなら「ボディ・スキャン」をしてみましょう。厳密にやらなくても、暑いか寒いか、どこかツラいところはないか、自分の身体に意識を向けさせるぐらいで十分です。

かんしゃくの原因となった物を与えたり、やりたいことをさせてしまうと、何か不満なことがあるときにはかんしゃくを起こせばいいとなるので、気をつけましょう。

また、ふだんから「ライオンが寝ている」のトレーニングを一緒にやって、「呼吸瞑想法」や「ボディ・スキャン」ができるようになるといいですね。

試合に負けると、悔しくて大泣き

お悩みその3…子どもは剣道部に入っているのですが、毎回のように試合で負けては大泣きして、家に帰ってきてからも食事がのどを通りません。よほど負けず嫌いで悔しいのかと思ったのですが、自分が情けないと思う気持ちが強いようです。興味をもって入った部活なのだから、もっと楽しんでもらいたいのですが。

大泣きしたり、物を食べられないほどであれば、激しい感情を自分に向けているので、この場合は②の枠に入ります。**激しい感情のときには、初めに行うのは「呼吸瞑想法」が基本です。**呼吸を感じ、自分の感情と距離を置いてどう感じているか気づかせてから、外に出て寒さや暑さを感じさせましょう。**「歩くマインドフルネス」でもOKです。**注意を全身の皮膚感覚に広げ、自分の内側に集中していた意識を大きく拡

散させるようにましょう。

時間があるなら、**子どもを助手席に乗せてドライブするのも気分転換になります。**窓を開けて風を感じ、次々と過ぎゆく風景の中に気になるものを見つけていれば、試合に負けたことも、それでクヨクヨしている自分のことも、自然と気にならなくなってきます。

ゲームにはまってやめられない

お悩みその4 …とにかくゲームが好きで困ってます。1日の制限時間を決めているのですが、時計に目を向けないほどはまり込んでいるので、声をかけても知らんふり。もしかすると、夢中で本当に聞こえていないのかも。無理やりやめさせると不機嫌になるし、日々のこの闘い、どうにかしたいです。

抑えきれない感情があるわけではなく静かな気持ちながら、心は完全にゲームに奪われていますから、外側に向いた③の枠です。

ただ、ゲームをしているときは〝気〟が首より上に来てしまって、身体が緊張していることに気づいていません。声をかけながら優しく背中や頭に触れてあげると、子どもの意識がゲームを離れてそこに向かうので、自分の身体の状況に気づきやすくなります。

それから、好きなお菓子で「食べるマインドフルネス」をしたり、瞑想ではありませんが、好きな音楽を聴いて、好きな本を読んで自分の感覚に注意を向けられる時間を過ごすよう促しましょう。ゲームにはまっているときは、子ども自身が興味をもっていない方法を勧めても拒絶しますが、好きなものなら抵抗感をもたずにやってくれるでしょう。

また、日常でマインドフルネスのトレーニングをしたり、ふだんの食事に「食べるマインドフルネス」を取り入れていれば、時間を忘れてゲームに没頭することも減ってきます。

悲しい、寂しい気持ちから抜け出せない

お悩みその5…娘の仲良しグループの中の一人だったお友だちが引っ越すことになって、最近あまり元気がありません。同じ市内なので、会いたいときはまた会えるとわかっているのですが、やっぱり寂しいみたいです。

この子の場合は①の枠なので、**「歩くマインドフルネス」がいいでしょう。**散歩のついで、という程度の気持ちで一緒に出かけて、「あの花、きれい」「新しいお店ができた」というふうに、何かを見つけることもマインドフルネスのひとつです。ささやかでも発見はうれしいものですし、内にこもってモヤモヤしていた気持ちが解放されて、爽やかな気分になりますよ。

落ち着きがなく、発達障害かも……

お悩みその6……4歳の子どもはいつもソワソワして動き回って、こちらの話をあまり聞いてくれません。検診で発達障害の可能性があると言われていて、親としてはかなり動揺しています。何かできることはないでしょうか?

はっきり診断が出ていなければわかりませんが、ADHD(注意欠陥・多動性障害)の人に見られる症状があるようですね。こうした場合は激しい感情が外側に向いている④の枠となります。**できるだけタッチングをしてあげてください。**

話を聞かないときは、身体に触れてから話し始めると、子どもの注意を向けられます。小さいうちはひざにのせて話をしてもいいかもしれません。動き回っているときは、手をギュッと握ったり、身体を挟むように両腕に手をかけたり、少し圧をかけるタッチングがお勧めです。ただし、痛くなるほど力を入れるのは禁物です。

そうして注意をこちらに向けてから、数息観をしてみましょう。親がゆっくり数を数えて、子どもはそれに合わせて呼吸をします。または、「5秒間、お母さんの目を見てごらん」と言って、一緒に数を数えてもいいでしょう。マインドフルネスもタッチングも、発達障害のお子さんに効果が認められています。ムリをさせない範囲で、ぜひトレーニングを続けてください。

ショックで落ち込んでいる

お悩みその7…子どもが生まれたときから飼っていたネコが亡くなりました。家族も同然だったので私も悲しく寂しいのですが、子どもは相当ショックを受けていて、思い出しては泣きじゃくっています。

ペットの死は大人でも乗り越えるのは大変。この子は②の状態で、かなり落ち込んでいると思いますから、**泣いているときは優しく背中や腕をなでてあげましょう。**タッチングは激しい感情をなだめるのに役立ちます。また、**「呼吸瞑想法」**で気持ちを整

えてから、ドライブなどに出かけて五感を刺激しましょう。

思い出し泣きが長く続くようだったら、近場へ1、2泊の旅行でもしてみてはいかがでしょうか。いつもと違う景色を見て、美味しい物を食べ、温泉に入りながら、感覚に意識を向けさせるようにさりげなく促します。**リトリートといって、僧侶にも瞑想するために何日もふだんの環境を離れる修行法があるくらいなので、**旅行もマインドフルネスの一環として活用しながら楽しんでください。

反抗期で、会話にならない！

お悩みその8…息子は反抗期真っただ中で、こちらが話しかけても返事さえしなくなりました。これといって問題行動を起こすわけではないのですが、家の中で一緒に暮らして育ててもらっているというのに、もう少しコミュニケーションがとれないでしょうか？

反抗期の場合は、自分以外の外側に向けたイライラした気持ちがあって、口をきかないとか、ふつうに口答えをするぐらいであれば③の枠です。反抗が激しい子の場合は④になりますね。

反抗期のお子さんは、親がマインドフルネスをしようと言っても難しいかもしれません。③の場合は**大好物のものを用意して「食べるマインドフルネス」ができればいいですし、好きな音楽を聴いたり、本を読んだらイライラがおさまるよとアドバイスする**ぐらいでしょうか。

あとは、マインドフル・タッチングのところで書いたように、マッサージをしてあげると改善するでしょう。子どもにムリ強いせずに始められるような、きっかけ作りが大事です。

おわりに

子育てをめぐる環境は年々変化を増しています。

情報化社会の波に乗って、子育てもネットなどの情報が優先されるようになってきました。またAIを始めとする技術革新によって、スマホやゲームなどに晒される時間も大幅に増えたことでしょう。さらに女性の社会進出が進むにつれて、父親だけではなく母親も仕事の効率主義を育児にもち込む傾向が高まっているようです。

このまま世の中が進んでいけば、いずれ子育てロボットも登場することでしょう。子育てロボットは、子どもの泣き方の微細な違いを分析して、最適な解を導き出してくれるはずです。ミルクをあげたり、おむつを替えたり、場合によっては遊んでくれるかもしれません。しかし心の発達にとって大切な要素である、愛着の形成は難しいでしょう。子どもにとって必要なときに、きちんと肌の感覚で安心させてくれる存在でなければ、愛着の関係は築けないからです。しかしそれさえも、高性能な「抱きしめロボット」が登場すれば、「ロボットとのあいだに」愛着の関係は築けるかもしれません。もしもそうだとしたら、親は子育てに手を煩《わずら》わせる必要はなくなり、自由時間が増えて幸せな人生が送れる……でしょうか。

そうだとしたらそもそもどうして子どもを作ったのでしょうか？

明確に答えられる方はほとんどいないと思います。あなたは何かの目的のために子どもを作ったのでしょうか？　もしそうだとしたら、子どもは不幸ですね。子どもにとって親の目的を叶えることが自分の人生の目的なのですから。

でもほとんどの方は、そうではないと思います。

「はじめに」にも書きましたが、子育ては目的ではなくプロセスです。強いて目的をあげるとすれば、子どもが自立した人生を送れるようにすることであって、それ以上でも以下でもありません。子どもの側からすれば、自立した人生を送る目的は、幸福な人生を歩むことです。幸福とは外側から条件として与えてあげれば幸福になれるというものではありません。人それぞれ違うものなので、自分の幸福を見つけていく以外にないのです。そのために子どもにマインドフルネスをやらせることは大いに役立つでしょう。自分の心に気づくことができるからです。それは子どもにとって、生涯の財産になることでしょう。

子育てには正解、不正解はありませんが、本書で紹介したマインドフルネス子育てが、多くの親御さんたちのお役に立つことができると確信しています。

二〇一八年二月　　山口　創

山口 創（やまぐち・はじめ）

桜美林大学リベラルアーツ学群教授。臨床発達心理士。専攻は、健康心理学・身体心理学。1967年、静岡県生まれ。早稲田大学大学院人間科学研究科博士課程修了。著書に『子供の「脳」は肌にある』（光文社新書）、『愛撫・人の心に触れる力』(NHKブックス)、『皮膚感覚の不思議』(講談社ブルーバックス)、『手の治癒力』『人は皮膚から癒される』（草思社）、『子育てに効くマインドフルネス』（光文社新書）、『皮膚は「心」を持っていた！』（青春出版社）、『皮膚感覚から生まれる幸福』（春秋社）など多数。

ストレスフリーで、子どもがグングン伸びる！
マインドフルネス子育て法

2018年3月26日　初版第1刷発行

著者………………山口 創

発行者……………藤木健太郎
発行所……………清流出版株式会社
東京都千代田区神田神保町 3-7-1 〒 101-0051
電話 03（3288）5405
ホームページ　http://www.seiryupub.co.jp/
編集担当　古満 温

印刷・製本………大日本印刷株式会社

乱丁・落丁本はお取り替え致します。
ISBN978-4-86029-474-8